7. Schuljahr

Hans-J. Schmidt

Wochenplan
Mathe 7

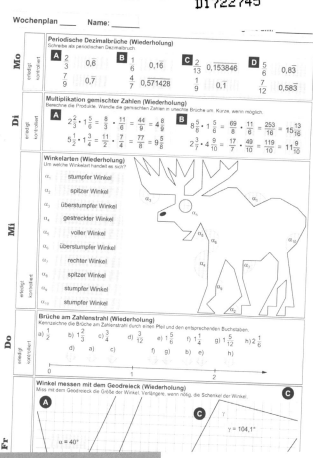

- **Jede Woche übersichtlich auf einem Bogen**
- **Einteilung in 5 Einheiten**
- **Mit Lösungen**

KOHL VERLAG
Lernen mit Erfolg
Der Verlag mit dem Baum

www.kohlverlag.de

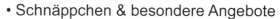
Wochenplan Mathematik
7. Schuljahr

1. Auflage 2014

© Kohl-Verlag, Kerpen 2014
Alle Rechte vorbehalten.

Inhalt: Hans-J. Schmidt
Coverbild: © fotolia.com
Grafik & Satz: Kohl-Verlag
Druck: Medienzentrum Süd, Köln

Bestell-Nr. 11 597

ISBN: 978-3-95686-574-9

Inhalt

Wochenplaninhalte

Inhalt

KOHL VERLAG   Wochenplan Mathematik / 7. Schuljahr   -   Bestell-Nr. 11 597

Mo

erledigt   kontrolliert

Multiplikation von Dezimalbrüchen (Wiederholung)
Berechne.

A $2{,}954 \cdot 6{,}96$

B $651{,}9 \cdot 874$

C $5{,}486 \cdot 217$

Di

erledigt   kontrolliert

Addition von Dezimalbrüchen (Wiederholung)
Berechne.

A
```
    4 5 1,0 4 8
 +  5 5 6,9 0 5
 +    7 2,6 8 1
 +  5 6 0,1 6 6
```

B
```
    5 8 4,8 1 4
 +  3 7 2,9 0 6
 +  4 7 1,7 7 2
 +  2 8 3,3 0 3
```

C
```
    7 1 9,5 7 7
 +  5 7 2,2 0 7
 +  5 4 6,0 3 4
 +  5 6 0,8 9 6
```

D
```
    1 8 2,5 2 7
 +  1 0 2,8 6 1
 +  5 2 7,7 1 3
 +  7 3 4,3 0 6
```

Mi

erledigt   kontrolliert

Subtraktion von Dezimalbrüchen (Wiederholung)
Berechne.

A
```
    6 4 5,6 3 0
 −    5 1,0 5 3
 −    7 1,1 7 2
 −    8 7,3 9 1
```

B
```
    4 9 7,9 7 8
 −    5 3,1 8 4
 −    8 2,7 4 6
 −    6 1,7 5 6
```

C
```
    3 7 8,9 4 3
 −    3 9,8 8 5
 −    9 1,3 7 6
 −    7 6,5 1 3
```

D
```
    3 2 3,3 8 4
 −    6 4,1 9 1
 −    3 5,9 6 0
 −    8 5,8 6 1
```

Do

erledigt   kontrolliert

Zahlenmauern

A Ergänze die Zahlenmauer, indem du jeweils zwei nebeneinanderstehende Dezimalbrüche addierst und dein Ergebnis in das Kästchen darüber einträgst.

1,2	0,9	1,7	3,8	0,4	2,6

B Ergänze die Zahlenmauer, indem du jeweils zwei nebeneinanderstehende Dezimalbrüche voneinder subtrahierst und dein Ergebnis in das Kästchen darunter einträgst.

192,7	102,4	54,2	27,8	12,6	3,9

Fr

erledigt   kontrolliert

Prozentrechnung (Wiederholung)

A Wie viel Prozent der Fläche wurde gekennzeichnet?

B Gib die Anteile in Prozent an.

60 Cent von 3 € sind _____ %

5 km von 10 km sind _____ %

200 g von 1 kg sind _____ %

48 min von 2 h sind _____ %

160 € von 400 € sind _____ %

500 m² von 2000 m² sind _____ %

KOHL VERLAG   Wochenplan Mathematik / 7. Schuljahr   -   Bestell-Nr. 11 597

| Wochenplan ____ | Name: _____ | Klasse: ____ | Abgabe am: _____ |

Mo

Brüche und Prozentschreibweise (Wiederholung)

A Schreibe als Bruch und kürze dann so weit wie möglich.

16 %　　25 %　　30 %　　40 %　　50 %　　75 %

B Setze >, < oder = ein.

60 % $\frac{2}{5}$　　15 % $\frac{3}{20}$　　70 % $\frac{18}{25}$　　20 % $\frac{1}{4}$

Di

Addition und Subtraktion ungleichnamiger Brüche (Wiederholung)
Fülle die Tabellen aus.

A

1. Summand	$10\frac{1}{5}$	$7\frac{1}{2}$	$4\frac{3}{8}$	$9\frac{3}{10}$
2. Summand	$12\frac{5}{8}$	$2\frac{5}{7}$	$9\frac{2}{3}$	$7\frac{5}{8}$
Summe				

B

Minuend	$12\frac{1}{2}$	$10\frac{1}{9}$	$15\frac{2}{9}$	$6\frac{1}{3}$
Subtrahend	$8\frac{4}{5}$	$7\frac{1}{2}$	$7\frac{5}{6}$	$4\frac{5}{7}$
Differenz				

Mi

Multiplikation von Brüchen (Wiederholung)
Berechne die Produkte. Kürze, wenn möglich.

A $\frac{4}{5} \cdot \frac{1}{8}$

$\frac{5}{18} \cdot \frac{3}{10}$

B $\frac{3}{8} \cdot \frac{4}{7}$

$\frac{1}{6} \cdot \frac{3}{5}$

C $\frac{7}{8} \cdot \frac{4}{5}$

$\frac{5}{12} \cdot \frac{3}{10}$

D $\frac{2}{3} \cdot \frac{5}{7}$

$\frac{5}{6} \cdot \frac{8}{9}$

E $\frac{4}{5} \cdot \frac{1}{3} \cdot \frac{5}{6}$

$\frac{3}{4} \cdot \frac{7}{10} \cdot \frac{5}{6}$

Do

Division von Dezimalbrüchen (Wiederholung)
Berechne im Kopf.

A 4,85 : 5

3,36 : 12

20,8 : 8

4,13 : 7

B 2,226 : 3

5,4 : 9

8,4 : 7

3,58 : 2

C 8,4 : 14

9,1 : 13

89,36 : 4

103,78 : 2

Fr

Zerlegung in Primfaktoren (Wiederholung)

Wenn du die Zerlegung in Primfaktoren überprüfst, wirst du feststellen, dass einige Ergebnisse richtig, andere falsch sind. Kreuze den entsprechenden Buchstaben an. Du erhältst bei richtiger Lösung ein englisches Sprichwort.

Platz für Nebenrechnungen:

	richtig	falsch
2112 = 2 • 2 • 2 • 2 • 3 • 11	S	F
3900 = 2 • 2 • 3 • 5 • 5 • 13	I	O
728 = 2 • 2 • 2 • 3 • 7 • 13	O	G
2065 = 5 • 7 • 59	H	I
770 = 2 • 5 • 7 • 9	N	T
567 = 3 • 3 • 3 • 5 • 7	P	F
4025 = 5 • 5 • 7 • 23	I	C
2750 = 2 • 3 • 5 • 5 • 11	Z	R
600 = 2 • 2 • 2 • 3 • 5 • 5	E	B
650 = 2 • 5 • 5 • 13	W	A
2325 = 3 • 5 • 5 • 31	I	Y
320 = 2 • 2 • 2 • 2 • 2 • 3 • 5	H	T
768 = 2 • 2 • 2 • 2 • 2 • 2 • 3	U	H
1078 = 2 • 7 • 7 • 11	F	L
640 = 2 • 2 • 2 • 2 • 2 • 3 • 5	P	I
4900 = 2 • 2 • 3 • 5 • 7 • 7	W	R
2310 = 2 • 3 • 5 • 7 • 11	E	P

KOHL VERLAG Wochenplan Mathematik / 7. Schuljahr - Bestell-Nr. 11 597

Mo

Periodische Dezimalbrüche (Wiederholung)
Schreibe als periodischen Dezimalbruch.

A $\dfrac{2}{3}$ _____ $\dfrac{7}{9}$ _____

B $\dfrac{1}{6}$ _____ $\dfrac{4}{7}$ _____

C $\dfrac{2}{13}$ _____ $\dfrac{1}{9}$ _____

D $\dfrac{5}{6}$ _____ $\dfrac{7}{12}$ _____

erledigt ☐   kontrolliert ☐

Di

Multiplikation gemischter Zahlen (Wiederholung)
Berechne die Produkte. Wandle die gemischten Zahlen in unechte Brüche um. Kürze, wenn möglich.

A
$2\dfrac{2}{3} \cdot 1\dfrac{5}{6} = \quad \cdot \quad = \quad = \quad$

$5\dfrac{1}{2} \cdot 1\dfrac{3}{4} = \quad \cdot \quad = \quad = \quad$

B
$8\dfrac{5}{8} \cdot 1\dfrac{5}{6} = \quad \cdot \quad = \quad = \quad$

$2\dfrac{3}{7} \cdot 4\dfrac{9}{10} = \quad \cdot \quad = \quad = \quad$

erledigt ☐   kontrolliert ☐

Mi

Winkelarten (Wiederholung)
Um welche Winkelart handelt es sich?

α_1 _____

α_2 _____

α_3 _____

α_4 _____

α_5 _____

α_6 _____

α_7 _____

α_8 _____

α_9 _____

α_{10} _____

erledigt ☐   kontrolliert ☐

Do

Brüche am Zahlenstrahl (Wiederholung)
Kennzeichne die Brüche am Zahlenstrahl durch einen Pfeil und den entsprechenden Buchstaben.

a) $\dfrac{1}{2}$ b) $1\dfrac{2}{3}$ c) $\dfrac{3}{4}$ d) $\dfrac{3}{12}$ e) $1\dfrac{5}{6}$ f) $1\dfrac{1}{4}$ g) $1\dfrac{5}{12}$ h) $2\dfrac{1}{6}$

0 _____ 1 _____ 2 _____→

erledigt ☐   kontrolliert ☐

Fr

Winkel messen mit dem Geodreieck (Wiederholung)
Miss mit dem Geodreieck die Größe der Winkel. Verlängere, wenn nötig, die Schenkel der Winkel.

A   B   C   C   D

γ α β δ

erledigt ☐   kontrolliert ☐

Mo

Brüche am Zahlenstrahl (Wiederholung)

Welche Bruchzahlen sind dargestellt? Trage entsprechend in die grauen Felder ein. Der Bruch sollte so weit wie möglich gekürzt sein.

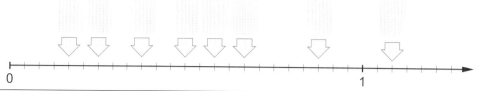

Di

Bruchrechnung gemischt (Wiederholung)

Berechne.

A

$$8\frac{1}{2} + \left(6\frac{1}{3} - 5\frac{3}{4}\right) =$$

$$\left(1\frac{5}{6} + 7\frac{1}{2}\right) - 2\frac{2}{3} =$$

$$\left(7\frac{3}{4} - 3\frac{1}{2}\right) + 4\frac{1}{6} =$$

$$23\frac{3}{4} - \left(8\frac{1}{2} + 7\frac{1}{3}\right) =$$

B

$$4\frac{1}{3} + 2\frac{3}{4} + 1\frac{1}{2} + 3\frac{5}{6} =$$

$$3\frac{7}{20} + 2\frac{2}{5} + 4\frac{3}{4} + 1\frac{9}{10} =$$

$$2\frac{5}{8} - 1\frac{2}{3} + 3\frac{1}{2} - 1\frac{3}{4} =$$

$$11\frac{1}{4} - 6\frac{1}{2} + 3\frac{2}{3} - 1\frac{7}{12} =$$

C

$$9\frac{1}{2} - \left(1\frac{1}{4} + 3\frac{2}{3}\right) =$$

$$8\frac{5}{6} - \left(5\frac{3}{4} - 2\frac{1}{2}\right) =$$

$$7\frac{3}{8} - \left(1\frac{3}{4} + 3\frac{1}{2}\right) =$$

$$19\frac{3}{4} - \left(7\frac{3}{5} + 6\frac{1}{4}\right) =$$

Mi

Prozentrechnung (Wiederholung)

Berechne.

A

25 % von 70 €

15 % von 80 kg

$16\frac{2}{3}$ % von 48 m²

B

60 % von 140 €

$33\frac{1}{3}$ % von 75 t

37,5 % von 180 €

C

20 % von 115 h

50 % von 57 m³

$33\frac{1}{3}$ % von 87 €

Do

Vervielfachen von Dezimalbrüchen (Wiederholung)

Multipliziere die Dezimalbrüche mit der angegebenen Stufenzahl.

A

6,7 · 10 =

0,09 · 100 =

1000 · 0,74 =

B

100 · 6,3 =

0,007 · 100 =

0,032 · 1000 =

C

1000 · 0,014 =

0,789 · 10000 =

1000000 · 0,02 =

Fr

Teilbarkeit von Zahlen (Wiederholung)

Wenn du die Aussagen überprüfst, wirst du feststellen, dass einige richtig, andere falsch sind. Kreise den entsprechenden Buchstaben ein. Du erhältst bei richtiger Lösung ein englisches Sprichwort.

Platz für Nebenrechnungen:

	richtig	falsch
37 ist eine Primzahl.	T	F
17 und 68 sind teilerfremd.	I	H
kgV(8,14) = 112	O	E
99990 ist die größte fünfstellige Zahl, die durch 2, 3 und 5 teilbar ist.	M	I
12 und 18 haben 1, 2, 3 und 6 als gemeinsame Teiler.	O	T
ggT(18,66) = 3	P	R
Alle dreistelligen Zahlen mit drei gleichen Ziffern sind durch 3 teilbar.	E	C
278126 ist durch 9 teilbar.	Z	T
98136 ist durch 3 und durch 9 teilbar.	H	B
7476535 ist durch 5 teilbar.	E	A
ggT(15,30) = 5	I	M
kgV(12,45) = 540	H	E
2 ist die einzige Primzahl, die gerade ist.	R	H
13 und 33 sind teilerfremd.	R	L
kgV(15,20) = 60	I	Y
ggT(72,126) = 9	W	E
Es gibt Zahlen, die durch 9, aber nicht durch 3 teilbar sind.	E	R

erledigt   kontrolliert

8

Mo

Multiplikation und Division von Dezimalbrüchen (Wiederholung)
Trage die fehlenden Zahlen ein.

A

1. Faktor	5,2	3,8			19,5
2. Faktor		5	4,6		
Produkt	36,4			36,8	58,5

B

Dividend	35,4			27,6	78,3
Divisor			3,8		8,7
Quotient	6	8	4		

Di

Dezimalbrüche am Zahlenstrahl (Wiederholung)
Welche Dezimalbrüche gehörigen an die mit Pfeilen gekennzeichneten Stellen?

A

1,8   1,9   2,0   2,1

B

2,50 2,51 2,52 2,53 2,54 2,55 2,56

Mi

Größen und Kommaschreibweise (Wiederholung)

A Schreibe mit Komma in km.

385 m =   km

6 m =   km

4900 m =   km

B Schreibe mit Komma in kg.

72005 g =   kg

847 g =   kg

460105 g =   kg

C Schreibe mit Komma.

$\frac{53}{100}$ m =   m

$\frac{195}{1000}$ kg =   kg

$1\frac{79}{1000}$ km =   km

Do

Texte und mathematische Sprache (Wiederholung)
Wie lautet der passende Rechenausdruck zum Text? Schreibe ihn auf und berechne dann den Wert.

A Addiere zum Produkt der Zahlen 3,7 und 12,3 das Produkt aus 17,5 und 24,8.

B Addiere zum Quotienten aus $\frac{7}{8}$ und $\frac{5}{6}$ den Bruch $\frac{2}{3}$.

C Subtrahiere vom Produkt aus $\frac{2}{3}$ und $\frac{4}{5}$ den Bruch $\frac{1}{12}$.

D Dividiere die Summe von $\frac{1}{2}$ und $\frac{2}{3}$ durch das Produkt aus $\frac{3}{8}$ und $\frac{2}{5}$.

Fr

Spiegeln im Gitternetz (Wiederholung)
Spiegele den Goldschopfpinguin an der gekennzeichneten Achse.

Mo

Volumen zusammengesetzter Körper (Wiederholung)
Berechne das Volumen der Körper (Maßangaben in cm).

A 8 · 3 · 6 · 6 · 4   cm³

B 12 · 8 · 8 · 12 · 20   cm³

C 2 · 5 · 2 · 3 · 8 · 8   cm³

D 13 · 9 · 7 · 7 · 14 · 16   cm³

erledigt kontrolliert

Di

Relative Häufigkeit (Wiederholung)
Kai und Mareike haben gewürfelt und dabei die folgende Strichliste erstellt. Bestimme die relativen Häufigkeiten.

⚀ ⚁ ⚂ ⚃ ⚄ ⚅

⚀ 卌 卌 I
⚁ 卌 卌 卌
⚂ 卌 卌 II
⚃ 卌 卌 卌 II
⚄ 卌 卌 卌 I
⚅ 卌 IIII

erledigt kontrolliert

Mi

Der Mittelwert (Wiederholung)
Wie sind die einzelnen Klassenarbeiten im Durchschnitt ausgefallen? Runde auf zwei Nachkommastellen.

A Mathematik

1	2	3	4	5	6
III	卌	卌	卌	III	III
		IIII			

Mittelwert:

B Englisch

1	2	3	4	5	6
II	卌	卌	卌	IIII	II
		III	II		

Mittelwert:

C Französisch

1	2	3	4	5	6
I	卌	卌	卌	I	I
		卌	卌		

Mittelwert:

erledigt kontrolliert

Do

Bruch und Dezimalbruch (Wiederholung)
Ordne den Dezimalbrüchen die richtigen Brüche zu. Wenn du die Kennbuchstaben einträgst, erhältst du ein Lösungswort.

U 0,44   E 0,5   B 0,45   0,24   3,75   0,875   0,4625
T 0,525   A 0,375   2,6   N   H   A   0,625   B   0,4
0,75   L   C   0,5625   2,25   S   A   S

$\frac{37}{80}$ $\frac{11}{25}$ $\frac{13}{5}$ $\frac{7}{8}$ $\frac{6}{15}$ $\frac{21}{40}$ $\frac{3}{4}$ $\frac{9}{20}$ $\frac{1}{2}$ $\frac{6}{25}$ $\frac{9}{4}$ $\frac{5}{8}$ $\frac{3}{8}$ $\frac{15}{4}$ $\frac{9}{16}$

erledigt kontrolliert

Fr

Parkettierungen (Wiederholung)
Parkettiere mit der vorgegebenen Figur die Fläche so weit wie möglich. Die grauen Flächen bleiben frei.

erledigt kontrolliert

Mo

Proportionale Zuordnungen

Stellt der Graph eine proportionale Zuordnung dar? Kreuze an. Die Kennbuchstaben der richtigen Anworten ergeben ein Lösungswort.

A
- ○ ja (I)
- ○ nein (S)

B
- ○ ja (T)
- ○ nein (N)

C
- ○ ja (A)
- ○ nein (S)

D
- ○ ja (E)
- ○ nein (U)

E
- ○ ja (B)
- ○ nein (L)

Lösungswort:
A □
B □
C □
D □
E □

erledigt □ kontrolliert □

Di

Brüche und Prozentangaben

Erweitere oder kürze, bis du einen Hundertstelbruch erhältst und schreibe dann mit Prozent.

A $\dfrac{48}{600}$ $\dfrac{3}{5}$

B $\dfrac{45}{180}$ $\dfrac{7}{10}$

C $\dfrac{160}{1000}$ $\dfrac{6}{25}$

D $\dfrac{65}{250}$ $\dfrac{17}{50}$

erledigt □ kontrolliert □

Mi

Rechnen mit Dezimalbrüchen (Wiederholung)

Berechne. Es gilt natürlich die Punkt-vor-Strich-Regel.

A
$33,4 + 30,1 : 0,7 =$
$79,4 + 32,4 : 1,2 =$
$65,9 + 66,5 : 3,5 =$

B
$48,5 + 57,2 : 2,6 =$
$57,2 + 46,8 : 1,8 =$
$18,1 + 131,2 : 4,1 =$

C
$25,7 + 22,5 : 0,9 =$
$41,9 + 50,7 : 1,3 =$
$87,9 + 67,2 : 2,4 =$

erledigt □ kontrolliert □

Do

Flächeninhalt Quadrat und Rechteck (Wiederholung)

Bestimme den Flächeninhalt der einzelnen Quadrate und Rechtecke. Die Kennbuchstaben der richtigen Lösungen liefern dir das Lösungswort.

A 7 m, 3,2 m
- 10,2 m² (P)
- 22,4 m² (C)
- 18,4 m² (A)

B 6 cm
- 12 cm² (N)
- 24 cm² (E)
- 36 cm² (H)

C 9 cm, 35 mm
- 3150 mm² (R)
- 3720 mm² (D)
- 3840 mm² (P)

D 23 mm
- 484 mm² (H)
- 729 mm² (E)
- 529 mm² (O)

E 6,4 km, 1,7 km
- 8,1 km² (N)
- 10,88 km² (M)
- 12,48 km² (G)

Lösungswort: A B C D E □□□□□

erledigt □ kontrolliert □

Fr

Drehsymmetrische Figuren (Wiederholung)

Drehe die Figuren um den Punkt Z jeweils um 90°, 180°, 270° weiter. Du kannst dein Bild farbig anlegen.

A   **B**   **C**

erledigt □ kontrolliert □

Wochenplan _____ **Name:** _____ **Klasse:** _____ **Abgabe am:** _____

Proportionale Zuordnungen

Entscheide, ob die Zuordnungen proportional sind. Die Kennbuchstaben der richtigen Anworten ergeben ein Wort.

A

Anzahl	g
8	24
1	3
10	30

S proportional
T nicht proportional

B

Gewicht	Preis
500 g	1,80 €
1,5 kg	5,20 €
100 g	0,48 €

I proportional
E nicht proportional

C

Volumen	Preis
36 l	54 €
10 l	12 €
50 l	72 €

S proportional
I nicht proportional

D

Zeit	Strecke
10 min	14 km
5 min	7 km
30 min	42 km

F proportional
C nicht proportional

E

Alter	Gewicht
5 Jahre	30 kg
10 Jahre	50 kg
20 Jahre	69 kg

H proportional
E nicht proportional

A	B	C	D	E

Lösungswort: ☐ ☐ ☐ ☐ ☐

erledigt kontrolliert

Sachaufgaben: Dezimalbrüche (Wiederholung)

A Gärtner Greenthumb verpackt 476 kg Tulpenzwiebeln in kleine Pakete zu je 0,875 kg. Wie viele Pakete erhält er?

B Der Allroundworker W. Gawaschei berechnet für die Instandsetzung einer Heizung 2,5 Arbeitsstunden zu je 63,20 €, 3,80 € Materialkosten und Anfahrtskosten von 45 €. Wie hoch ist die Rechnung?

C Franzl Backenhauer weiß, daß das Fußballspiel in England erfunden wurde. Daher sind die Maße z. B. eines Tores in Fuß angegeben. Ein Fuß misst 0,305 m. Das Fußballtor ist 7,32 m breit. Wie viel Fuß sind es?

D Ein Liter Luft wiegt 1,29 g. Das Zimmer von Kim ist 3,5 m lang, 4 m breit und 2,8 m hoch. Kim hat ausgerechnet, wie schwer doch die Luft in kg auf ihm lastet und hat das gleich als Entschuldigung für nicht gemachte Hausaufgaben vorgebracht.

erledigt kontrolliert

Statistik (Wiederholung)

A Von den 25000 Haushalten des Städtchen Vobishausen haben 13450 einen Internetanschluss. Berechne die relative Häufigkeit.

B Alexandra erzielte im Training beim 100-m-Lauf die folgenden Zeiten: 13,6 s, 13,3 s, 14,2 s, 13,7 s und 13,4 s. Wie viele Sekunden hat sie durchschnittlich gebraucht?

erledigt kontrolliert

Einführung: Ganze Zahlen

A Die Temperatur steigt um 8 °C. Wie viel °C sind es dann?

B Die Temperatur fällt um 12 °C. Wie viel °C sind es dann?

C Die Temperatur fällt um 9 °C. Wie viel °C sind es dann?

erledigt kontrolliert

Prozentrechnung

Berechne den Prozentwert.

A	**B**	**C**
14 % von 12 €	58 % von 125 €	12 % von 30 €
33 % von 7 m	17,5 % von 40 m	75 % von 8 dm
1,6 % von 26 km	2,8 % von 18 kg	3,2 % von 3,8 kg
78 % von 6,2 km	36 % von 2,4 t	18 % von 25 km
1,2 % von 36 m	6 % von 50 kg	24 % von 3600 m
4 % von 75 kg	7,2 % von 75 m	16 % von 855 m²
3,5 % von 55 km	1,8 % von 22 t	56 % von 1,8 t

erledigt kontrolliert

Mo

Prozentrechnung
Berechne den Grundwert.

A

26 % von ___ m sind 39 m

30 % von ___ kg sind 18 kg

32 % von ___ € sind 112 €

0,25 % von ___ m² sind 1,5 m²

B

15 % von ___ m sind 105 m

21 % von ___ € sind 63,84 €

82 % von ___ kg sind 1148 kg

6 % von ___ m² sind 50,4 m²

Platz für Nebenrechnungen:

erledigt kontrolliert

Di

Zuordnungen
Berechne die fehlenden Größen der proportionalen Zuordnungen.

A

Zeit	Strecke
10 min	14 km
5 min	
35 min	

B

Stück	Preis
12	30 €
4	
7	

C

Anzahl	Preis
8	30 €
10	
15	

D

Länge	Preis
3 m	10,50 €
5 m	
10 m	

E

Masse	Preis
50 g	0,82 €
200 g	
750 g	

erledigt kontrolliert

Mi

Prozentrechnung
Berechne den Prozentwert.

A

1 %	3 %	7 %	12 %	25 %
		von 200 €		

B

2 %	4 %	9 %	15 %	35 %
		von 150 kg		

erledigt kontrolliert

Do

Einführung: Ganze Zahlen

A

Die Temperatur steigt um 12 °C. Wie viel °C sind es dann?

20 °C
10 °C
0 °C
− 5 °C
− 10 °C
− 20 °C

B

Die Temperatur steigt um 5 °C. Wie viel °C sind es dann?

20 °C
10 °C
0 °C
− 5 °C
− 10 °C
− 20 °C

C

Die Temperatur fällt um 7 °C. Wie viel °C sind es dann?

20 °C
10 °C
0 °C
− 5 °C
− 10 °C
− 20 °C

erledigt kontrolliert

Fr

Winkel messen mit dem Geodreieck (Wiederholung)

Schätze die Größe der angegebenen Winkel und miss dann mit dem Geodreieck nach. Wenn die Schenkel der Winkel zu kurz zum Messen sind, dann verlängere sie so, dass du messen kannst. Abweichungen von ± 4° sind erlaubt.

Winkel	α_1	α_2	α_3	α_4	α_5	α_6	α_7	α_8
gemessen								

erledigt kontrolliert

KOHL VERLAG   Wochenplan Mathematik / 7. Schuljahr   -   Bestell-Nr. 11 597

Mo

Prozentrechnung
Berechne den Prozentsatz.

erledigt / kontrolliert

A
40 € von 800 €
7,5 kg von 25 kg
75 von 500 Kindern
72 von 96 Autos

B
49 € von 50 €
2 von 50 Schülern
48 m von 960 m
39 cm von 260 cm

C
5 € von 20 €
270 g von 5 kg
0,7 cm von 17,5 cm
10 von 200 Schülern

Di

Promille und ppm (parts per million)

erledigt / kontrolliert

A Schreibe als Promille.
$\frac{5}{1000}$ ‰
$\frac{2,9}{1000}$ ‰
$\frac{12}{10000}$ ‰

B Schreibe als Promille.
$\frac{7}{1000}$ ‰
$\frac{1,5}{1000}$ ‰
$\frac{25}{10000}$ ‰

C Schreibe als ppm.
$\frac{11}{1000000}$ ppm
$\frac{3}{100000}$ ppm
$\frac{16}{10000000}$ ppm

D Schreibe als ppm.
$\frac{2}{100000}$ ppm
$\frac{2,9}{1000000}$ ppm
$\frac{60}{10000000}$ ppm

Mi

Promillerechnung
Vervollständige die Tabelle.

erledigt / kontrolliert

Grundwert (€)	40 000	225 000	220 000		25 000		90 000
Promillesatz (‰)	1,8	2,5		6	1,2	3	
Promillewert (€)			880	138		423	495

Do

Prozentrechnung
Berechne den Grundwert.

erledigt / kontrolliert

A 5 % von
sind				
6 €	10 €	15 €	25 €	90 €

B 75 % von
sind				
6 min	15 min	18 min	30 min	36 min

C 12 % von
sind				
6 €	30 €	15 €	60 €	90 €

D 25 % von
sind				
6 min	15 min	18 min	2 min	5 min

Fr

Zuordnungen und ihre Darstellung.
Der arme Lars hat Fieber und liegt im Krankenhaus, wo täglich um 8.00 Uhr und um 16.00 Uhr seine Temperatur gemessen und in einer Tabelle festgehalten wird. Zeichne das zu dieser Tabelle gehörige Schaubild.

erledigt / kontrolliert

	8.00 Uhr	16.00 Uhr
1. Tag	-	39,6
2. Tag	38,6	39,2
3. Tag	39,0	39,4
4. Tag	39,2	39,8
5. Tag	39,0	39,6
6. Tag	38,4	39,2
7. Tag	38,0	38,6
8.Tag	37,6	38,2

Mo

erledigt ☐ kontrolliert ☐

Ganze Zahlen am Zahlenstrahl

Lies die ganzen Zahlen von der Zahlengeraden ab und schreibe sie auf.

-20   -10   -5   0   5   10   20   30

Di

erledigt ☐ kontrolliert ☐

Prozentrechnung

Berechne den Prozentsatz.

20 m²	50 m²	120 m²	300 m²	420 m²
A		von 800 m²		

12 min	15 min	45 min	60 min	90 min
B		von 2 h		

Mi

erledigt ☐ kontrolliert ☐

Kreisdiagramme

Wie groß müssen die Winkel für die eingezeichneten Prozentsätze sein?

A

15 % 57 % 28 %

B

14 % 63 % 23 %

Do

erledigt ☐ kontrolliert ☐

Zinsrechnung

Berechne die Zinsen für ein Jahr.

K *Kapital*	400 €	950 €	5000 €	1000 €	280 €	800 €
p % *Zinssatz*	3 %	2,5 %	7,5 %	$5\frac{1}{4}$ %	9 %	10,5 %
Z *Zinsen*						

Fr

erledigt ☐ kontrolliert ☐

Zuordnungen und ihre Darstellung

Hier siehst du die durchschnittlichen Monatstemperaturen von Suntown in °F. Übertrage diese Daten in das Diagramm. Rechne dann die Temperaturen in °C um und ergänze die Tabelle.

January	77 °F
February	86 °F
March	95 °F
April	96,8 °F
May	104 °F
June	105,8 °F
July	109,4 °F
August	104,9 °F
September	107,6 °F
October	95 °F
November	77 °F
December	75,2 °F

Wandle in °C um.
Rechenvorschrift:

$$C = \frac{5}{9} \cdot (°F - 32°)$$

Januar	Februar	März	April	Mai	Juni	Juli	August	September	Oktober	November	Dezember

temperature in °F

110 — 100 — 90 — 80 —

Jan Feb Mar Apr May Jun Jul Aug Sep Oct Nov Dec   month

KOHL VERLAG Wochenplan Mathematik / 7. Schuljahr - Bestell-Nr. 11 597

Mo

erledigt kontrolliert

Zuordnungen
Berechne die fehlenden Größen der antiproportionalen Zuordnungen.

A

Anzahl Maschinen	Zeit
4	12 h
2	
6	

B Ein Rechteck hat einen Flächeninhalt von 144 m².

Breite in m	Länge in m
6	24
8	
9	

C 400 Stühle sollen in Reihen aufgestellt werden.

Anzahl Reihen	Anzahl Stühle pro Reihe
10	40
8	
20	

Di

erledigt kontrolliert

Textaufgaben: Zuordnungen

A Eine Einfahrt wird gepflastert. Bei einer Breite der Steine von 25 cm braucht man 80 in einer Reihe. Wie viele Steine braucht man pro Reihe, wenn die Steine 20 cm breit sind?

B Ein Laserdrucker druckt in 30 Sekunden 12 Blatt aus. Welche Zeit (in min) benötigt er für 300 Blatt?

C Eine Brotschneidemaschine kann auf verschiedene Scheibendicken eingestellt werden. Bei einer Dicke von 8 mm erhält man aus einem Schwarzbrot 30 Scheiben. Wie dick werden die Scheiben, wenn man 48 Scheiben geschnitten werden?

D Herr Bicyclette braucht mit seinem Mountainbike bei einer Durchschnittsgeschwindigkeit von 25 km pro Stunde 36 Minuten bis zum Nachbarort. Wie lange braucht sein Nachbar Speedy, der mit einer Durchschnittsgeschwindigkeit von 20 Kilometer pro Stunde fährt?

Mi

erledigt kontrolliert

Zuordnungen und ihre Darstellung

A 4 kg Mehl kosten 3,20 €. Zeichne den Preisgraphen und lies aus der Zeichnung ab, wie teuer 3 kg bzw. 2 kg Mehl sind.

B 5 Teile einer Ware kosten 20 €. Zeichne den Preisgraphen und lies aus der Zeichnung ab, wie teuer 2, 3, 4 Teile sind.

Do

erledigt kontrolliert

Zinsrechnung
Welche Zinsen sind zum Kapital hinzugekommen und wie hoch war der Zinssatz?

Kapital am Jahresanfang	680 €	950 €	510 €	1670 €	2350 €	5120 €	6500 €
Kapital am Jahresende	714 €	1007 €	561 €	2171 €	2538 €	5248 €	6656 €
Zinsen							
Zinssatz							

Fr

erledigt kontrolliert

Das Koordinatensystem

A Gib die Koordinaten der Punkte A, B, C, D, E, F und G an.

A(|)
B(|)
C(|)
D(|)
E(|)
F(|)
G(|)

B Trage die Punkte in das Koordinatensystem ein.

A(1|1)
B(−1|0,5)
C(0|−1)
D(2,5|1,5)

C Gib die Koordinaten der Punkte A, B, C, D, E, F und G an.

A(|)
B(|)
C(|)
D(|)
E(|)
F(|)
G(|)

D Trage die Punkte in das Koordinatensystem ein.

A(1|0)
B(−2|1,5)
C(−1|−1,5)
D(2|1)

Mo

Zinsrechnung

Welches Kapital muss man bei der Bank anlegen, um bei dem angegebenen Zinssatz die Zinsen zu bekommen?

Zinssatz	2,5 %	4,5 %	5 %	3 %	6 %	3,75 %
Zinsen am Jahresende	86,25 €	266,40 €	39,75 €	181,08 €	1203 €	32,40 €
Kapital am Jahresanfang						

Di

Rationale Zahlen am Zahlenstrahl

Trage die entsprechenden rationalen Zahlen in die grauen Felder ein.

A

$-4 \quad -3 \quad -2$

B

$-1 \quad 0 \quad 1$

C

$-10 \quad -9 \quad -8$

D

$-0,2 \quad -0,1 \quad 0$

E

$-4 \quad -1 \quad 0$

Mi

Sachaufgaben: Promillerechnung

A Ein Fluss weist in einem 15 km langen Abschnitt einen Höhenunterschied von 18 m auf. Berechne das Fließgefälle in Promille.

B Schwarze Johannisbeeren enthalten etwa 1,4 ‰ Vitamin C. Wie viel g Vitamin C sind in 800 g Johannisbeeren enthalten?

C Herr und Frau Housesafe bezahlen pro Jahr 412,50 € für die Versicherung ihres Einfamilienreihenhauses im Wert von 330000 €. Berechne den Promillesatz.

D Weizenmehl vom Typ 405 enthält 0,6 ppm Vitamin B1 und 0,3 ppm Vitamin B2. Wie viel Milligramm der Vitamine B1 und B2 sind in 1,5 kg Mehl vom Typ 405 enthalten?

Do

Addition ganzer Zahlen

A
$-26 + (-32) =$
$-37 + (-14) =$
$-48 + (-37) =$
$87 + (-50) =$
$-74 + (-88) =$

B
$-84 + (-67) =$
$-48 + (-26) =$
$-74 + (-48) =$
$-23 + (-54) =$
$21 + (-41) =$

C
$-94 + (-47) =$
$-62 + (-20) =$
$-47 + (-54) =$
$51 + (-33) =$
$-76 + (-46) =$

Fr

Spiegeln im Koordinatensystem

Verbinde nacheinander die angegebenen Punkte im Koordinatensystem.

$A(-3|4,5)$ - $B(-3,5|3)$ -
$C(-2|2,5)$ - $D(-4|1,5)$ -
$E(-3,5|0,5)$ - $F(-1,5|1,5)$ -
$G(-1|0,5)$ - $H(-2,5|-1,5)$ -
$I(-1|-2)$ - $J(0,5|0)$ -
$A(-3|4,5)$

Diese Figur sollst du an einer Achse spiegeln. Die Spiegelachse verläuft durch die Punkte $S_1(-2,5|6)$ und $S_2(1,5|-2)$.

Gib die Koordinaten der Bildpunkte A*, B*, C*, D*, E*, F*, G*, H*, I* und J* an.

A*(|)   B*(|)
C*(|)   D*(|)
E*(|)   F*(|)
G*(|)   H*(|)
I*(|)   J*(|)

| Wochenplan ____ | Name: _____ | Klasse: ____ | Abgabe am: _____ |

Mo

erledigt · kontrolliert

Zinsrechnung
Berechne die Zinsen für den angegebenen Zeitraum.

Kapital	2400 €	1350 €	75000 €	976 €	1260 €	7720 €	1880 €
Zinssatz	4 %	3 %	4,5 %	6 %	2,5 %	3,5 %	5 %
Zeit	5 Monate	8 Monate	7 Monate	75 Tage	160 Tage	72 Tage	216 Tage
Zinsen							

Di

erledigt · kontrolliert

Addition rationaler Zahlen

A
5,8 + (– 12,6) =
– 2,4 + 13,6 =
8,2 + (– 9,28) =
9,3 + (– 52,5) =
– 83,8 + 81,2 =

B
9,8 + (– 6,7) =
– 4,2 + (– 2,6) =
17,4 + (– 9,6) =
55,3 + (– 58,2) =
– 73,2 + (– 10,8) =

C
3,5 + (– 2,9) =
– 5,5 + (– 2,48) =
16,4 + 24,66 =
8,8 + (– 4,6) =
– 9,5 + (– 14,4) =

Mi

erledigt · kontrolliert

Sachaufgaben: Zuordnungen

A Ein großes Grundstück wird in 34 gleich große Bauplätze zu je 380 m² aufgeteilt. Die Anzahl der Bauplätze wird auf 40 erhöht. Wie groß ist jetzt jeder Bauplatz?

B Aus 24 ausgereiften Apfelsinen erhält man 2 Liter Bollentrinasaft. Wie viele Früchte braucht man, um 60 Liter dieses überaus köstlichen Saftes herzustellen?

C Bäckermeister Heiner Stutenkerl backt aus einer Teigmenge 40 Brote zu je 750 g. Wie viele Brote zu je 500 g kann er aus dieser Teigmenge herstellen?

D Busunternehmer Harry Vehikel vermietet seinen Bus zu einem Festpreis. Bei 54 Personen zahlt jeder 36 €. Bei einem Ausflug nahmen nur 45 Personen teil. Wie viel zahlte jeder?

E Der Wanderverein „No Harry" legte in fünf Stunden 24 km zurück. Bis zum Ziel sind es weitere 14,4 km. Wie lange müssen sie noch wandern, wenn sie dasselbe Tempo beibehalten?

Do

erledigt · kontrolliert

Zahlenmauer mit rationalen Zahlen
Addiere zwei nebeneinanderstehende rationale Zahlen und trage das Ergebnis in das darüberliegende Feld ein. Achte auf die Vorzeichen.
Welche Zahl steht an der Spitze der Zahlenmauer?

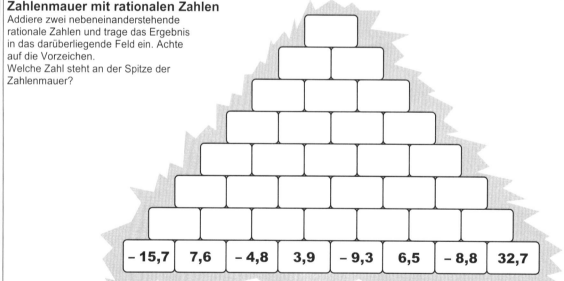

| – 15,7 | 7,6 | – 4,8 | 3,9 | – 9,3 | 6,5 | – 8,8 | 32,7 |

Fr

erledigt · kontrolliert

Ordnen von rationalen Zahlen

A Setze das richtige Zeichen (<, >) ein.

| – 34,5 | | – 35,4 | – 2,5 | | – 2,4 | – 14,5 | | + 12,5 | – 67,5 | | – 66,9 | + 11,1 | | – 0,98 |

B Ordne die Zahlen der Größe nach. Notiere dein Ergebnis als Kette mit dem < – Zeichen.

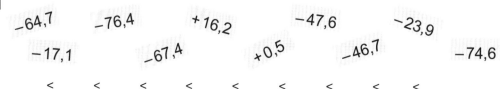

–64,7   –76,4   +16,2   –47,6   –23,9
–17,1   –67,4   +0,5   –46,7   –74,6

___ < ___ < ___ < ___ < ___ < ___ < ___ < ___ < ___

KOHL VERLAG · Wochenplan Mathematik / 7. Schuljahr · Bestell-Nr. 11 597

Mo

Subtraktion rationaler Zahlen

A
$-1\frac{1}{2}-(-\frac{3}{4})=$

$-1\frac{2}{5}-2\frac{1}{3}=$

$2\frac{2}{3}-(-3\frac{5}{6})=$

$-2\frac{1}{3}-(-\frac{5}{6})=$

B
$-7\frac{2}{5}-(-3\frac{1}{4})=$

$-4\frac{2}{3}-1\frac{5}{6}=$

$3\frac{3}{4}-(-5\frac{1}{2})=$

$-2\frac{4}{5}-(-1\frac{3}{4})=$

C
$-7\frac{5}{8}-(-2\frac{1}{4})=$

$-2\frac{7}{12}-5\frac{1}{3}=$

$6\frac{1}{2}-(-3\frac{4}{9})=$

$-1\frac{7}{10}-(-\frac{4}{5})=$

erledigt kontrolliert

Di

Multiplikation und Division ganzer Zahlen

A
$(+15)\cdot(-20)=$

$(-18)\cdot(-15)=$

$15\cdot(-28)=$

$-105:(-7)=$

$180:(-15)=$

B
$(+23)\cdot(-40)=$

$(-18)\cdot(-25)=$

$17\cdot(-23)=$

$600:(-75)=$

$(-156):(-12)=$

C
$(-12)\cdot(+40)=$

$(-53)\cdot(-17)=$

$75\cdot(-12)=$

$91:(-7)=$

$144:(-18)=$

erledigt kontrolliert

Mi

Terme und Termvereinfachungen

A Schreibe als Produkt.

$x+x+x+x$

$a+a+a+a+a$

$z+z+z+z+z+z$

$w+w+w$

$k+k+k+k+k+k+k$

B Addiere.

$5x+4x$

$7e+3e+e+5e$

$4k+2k+1k+6k$

$4a+3a+12a$

$2u+3u+u+7u$

C Fasse zusammen.

$5y-3y+y$

$-2e+5e-e$

$2k+4k-5k$

$3p+6p+11q$

$-9x+7y+5x$

erledigt kontrolliert

Do

$-53,9$	$-40,3$	$17,5$	$-9,5$	$12,7$	$-11,9$	$5,4$	$-3,2$

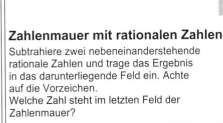

Zahlenmauer mit rationalen Zahlen

Subtrahiere zwei nebeneinanderstehende rationale Zahlen und trage das Ergebnis in das darunterliegende Feld ein. Achte auf die Vorzeichen.
Welche Zahl steht im letzten Feld der Zahlenmauer?

erledigt kontrolliert

Fr

Bestimmen von Winkeln

A Wie groß ist der Winkel δ im gleichschenkligen Trapez?

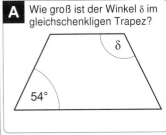
$54°$ $δ$

B Wie groß ist der Winkel δ?

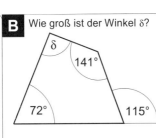
$δ$ $141°$
$72°$ $115°$

C Wie groß ist der Winkel α, wenn die Geraden g und h parallel sind?

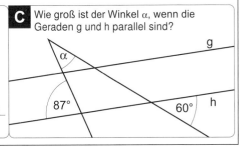
$α$ g
$87°$ $60°$ h

erledigt kontrolliert

Mo

Multiplikation rationaler Zahlen

A

$(-\frac{1}{2}) \cdot \frac{2}{3} =$

$(-\frac{3}{8}) \cdot (-\frac{4}{3}) =$

$\frac{1}{4} \cdot (-\frac{1}{3}) =$

$(-\frac{3}{4}) \cdot \frac{2}{9} =$

$(-\frac{5}{6}) \cdot (-\frac{7}{10}) =$

$\frac{1}{3} \cdot (-\frac{2}{7}) =$

B

$\frac{6}{7} \cdot (-\frac{5}{8}) =$

$(-\frac{8}{9}) \cdot \frac{1}{4} =$

$(-\frac{2}{3}) \cdot (-\frac{4}{5}) =$

$\frac{5}{8} \cdot (-\frac{3}{4}) =$

$(-\frac{4}{5}) \cdot \frac{3}{8} =$

$(-\frac{7}{12}) \cdot (-\frac{4}{7}) =$

C

$\frac{2}{5} \cdot (-\frac{1}{2}) =$

$(-\frac{5}{6}) \cdot (-\frac{2}{9}) =$

$(-\frac{3}{5}) \cdot \frac{2}{9} =$

$(-\frac{7}{10}) \cdot (-\frac{5}{9}) =$

$\frac{2}{7} \cdot (-\frac{4}{5}) =$

$(-\frac{5}{6}) \cdot \frac{3}{4} =$

erledigt kontrolliert

Di

Rechnen mit rationalen Zahlen
Rechne aus. Beachte die Punkt-vor-Strich-Regel.

A

$8 \cdot (-4) + 6 \cdot 7{,}5 - 23 =$

$7 \cdot (-19) - 210 : (-7) =$

$3 \cdot (-25) - 5 \cdot 19 + 89 =$

B

$(-96) : 3 + (-8) \cdot 4 + 48 =$

$7 \cdot (-19) + 12 \cdot (-6) + 177 =$

$8 \cdot (-27) + 4 \cdot 43 + 163 =$

erledigt kontrolliert

Mi

Termberechnung
Berechne den Term für die angegebenen Zahlen.

A

$19 - 6x$ $\quad x = 2$

$(x - 3) \cdot (-2)$ $\quad x = 7$

$13a - 7a + 7b$ $\quad a = 2; b = 5$

B

$23 - 5x$ $\quad x = 5$

$(2x - 6) \cdot 4$ $\quad x = 5$

$11a - 3b - 7a$ $\quad a = 3; b = 4$

erledigt kontrolliert

Do

Multiplikation von Termen

A Multipliziere.

$3 \cdot 2a$

$4 \cdot 5x$

$1{,}5 \cdot 2z$

B Fasse zusammen.

$2xy \cdot 5a \cdot 4bx$

$6a \cdot 4xy \cdot 3yz$

$4cd \cdot 5ce \cdot 1{,}5de$

C Vereinfache so weit wie möglich.

$2 \cdot x \cdot 4 \cdot 5y$

$x^2 \cdot 5x \cdot 3x$

$t^2 \cdot 5s \cdot t \cdot 2s$

D Multipliziere.

$18p \cdot 6$

$9r \cdot 7$

$4g \cdot 17$

E Fasse zusammen.

$4x \cdot 6yz \cdot 5yb$

$0{,}5x \cdot 4{,}2xy \cdot 2z$

$7uv \cdot 7vx \cdot 7uv$

F Vereinfache so weit wie möglich.

$1{,}6r \cdot 4uv \cdot 5vw$

$2y \cdot 1{,}5y \cdot 6$

$3a^2 \cdot 2b^3 \cdot ab$

erledigt kontrolliert

Fr

Umfang und Flächeninhalt von Dreiecken
Berechne jeweils den Umfang und Flächeninhalt der Dreiecke. Entnimm die Maße der Zeichnung.

A
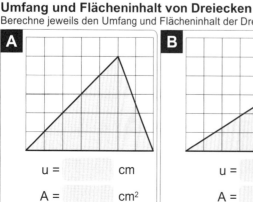

u = _____ cm

A = _____ cm²

B
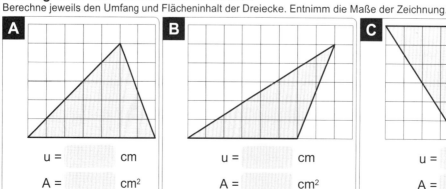

u = _____ cm

A = _____ cm²

C
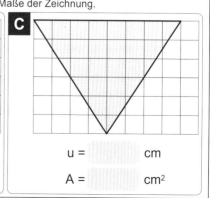

u = _____ cm

A = _____ cm²

erledigt kontrolliert

Bestell-Nr. 11 597 · Wochenplan Mathematik / 7. Schuljahr · KOHL VERLAG

Mo

erledigt kontrolliert

Rechnen mit rationalen Zahlen
Löse die Klammern auf und berechne.

A $-8,2 + (-2,6 - 8,1) - (1,6 + 0,8) =$

$2,3 - (3,1 - 1,2) - (0,3 - 2,4) =$

$-0,5 - (-7,4 + 8,1) - (2,5 - 7,8) =$

B $18,7 - (5,8 - 19,8) + (1,6 - 2,1) =$

$7,5 - (8,9 + 2,5) - (2,6 - 8,3) =$

$-6,5 + (-2,7 + 8,1) - (2,7 - 9,1) =$

Di

erledigt kontrolliert

Termberechnungen
Berechne die Terme für die in der Tabelle angegebenen Werte.

A

x	1	3	− 2	0,5	− 1,5
5x + 3					
4(x + 1)					

B

y	1	3	− 2	0,5	− 1,5
2y − 2					
2(y + 1)					

Mi

erledigt kontrolliert

Das Koordinatensystem
Verbinde nacheinander die angegebenen Koordinatenpunkte. Du erhältst ein Bild, das du farbig ausmalen kannst.

(− 2|7) - (− 4|7) - (− 6|6) - (− 8|4) -

(− 6|3) - (− 4|3) - (− 3|4) - (− 2|6) -

(0|8) - (0|7) - (− 1|4) - (− 1|2) -

(0|1) - (0|3) - (3|2) - (5|2) -

(8|− 4) - (7|− 4) - (8|− 5) - (8|− 6) -

(7|− 5) - (6|− 6) - (6|− 5) - (5|− 4) -

(4|− 5) - (4|− 7) - (5|− 7) - (1|− 9) -

(0|− 9) - (− 2|− 7) - (− 2|− 6) -

(− 1|− 5) - (0|− 5) - (2|− 6) - (2|− 4) -

(− 2|− 2) - (− 3|0) - (− 3|3) - (− 1|7) -

(− 2|8) - (− 1|9) - (0|9) - (1|8) - (2|8) -

(0|6) - (0|3)

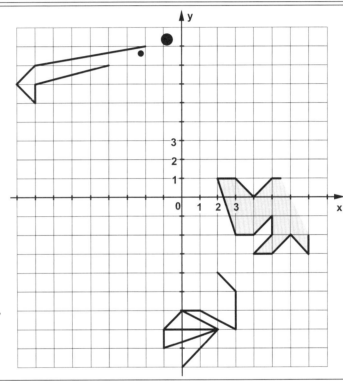

Do

erledigt kontrolliert

Zinsrechnung
Welches Kapital muss man bei der Bank anlegen, um bei dem angegebenen Zinssatz die Zinsen zu bekommen?

Zinssatz	3 %	4,5 %	2,5 %	3 %	6 %	3,75 %
Zinsen am Jahresende	12,30 €	28,35 €	23,75 €	28,80 €	74,70 €	31,50 €
Kapital am Jahresanfang						

Fr

erledigt kontrolliert

Umfang und Flächeninhalt von Dreiecken
Berechne jeweils den Umfang und den Flächeninhalt der Dreiecke. Entnimm die Maße der Zeichnung.

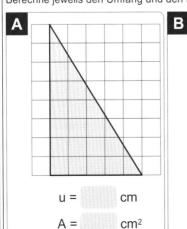

u = _____ cm

A = _____ cm²

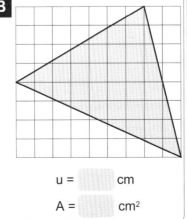

u = _____ cm

A = _____ cm²

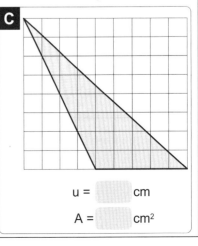

u = _____ cm

A = _____ cm²

Wochenplan Mathematik / 7. Schuljahr - Bestell-Nr. 11 597

Mo

Terme mit Klammern

A Schreibe ohne Klammern.

$(-3a + 5b - 2,5) \cdot 8$

$3g \cdot (2h + 5j - 1)$

$(-2a - 5b - 1,5) \cdot 6a$

$(3w - v + 5) \cdot 5a$

$3ab \cdot (5ab - 3b)$

B Dividiere.

$(12x - 8y) : 4$

$(30y - 12) : 6$

$(2c - 5a) : 0,2$

$(6a - 9b) : 1,5$

$(4y + 2a) : 2$

erledigt kontrolliert

Di

Sachaufgaben gemischt

A Herr Raffnix muss 30 % der Erbschaft seiner Tante in Höhe von 24500 € an das Finanzamt abführen. Wie viel Geld bleibt ihm noch?

B Frau Yellow-Press kauft sich jede Woche eine Zeitschrift für 2,00 €. Ein Jahresabo kostet 78 €. Soll sie das Angebot wahrnehmen?

C Eine Maschine fertigt in 20 Minuten 1800 Teile an. Wie viele Teile schafft diese Maschine in 65 Minuten?

erledigt kontrolliert

Mi

Umfang und Flächeninhalt von Parallelogrammen

Berechne jeweils den Umfang und den Flächeninhalt. Entnimm die Maße der Zeichnung.

A

u = ___ cm

A = ___ cm²

B

u = ___ cm

A = ___ cm²

C

u = ___ cm

A = ___ cm²

erledigt kontrolliert

Do

Aufstellen von Termen

Gib einen Term für den Umfang des jeweiligen Rechtecks an und berechne ihn für a = 6,2 m und b = 2,5 m.

A 4b / 3a

B 2b / 0,5a

C 3,5b / 2,5a

erledigt kontrolliert

Fr

Dreiecksformen

Ordne den Dreiecken ihre richtige Bezeichnung zu und verbinde die Aufgaben mit den zugehörigen Lösungen.
Aus den Buchstaben, die auf den Verbindungslinien liegen, ergibt sich ein Lösungswort.

A **B** **C** **D** **E**

(W) (P) (S) (T) (C) (G) (H) (S)

(V) (T) (L) (I) (Ö) (O) (N) (I) (K)

gleichseitig: alle Winkel sind 60° groß, alle Seiten sind gleich lang

stumpfwinklig: ein Winkel ist größer als 90°

rechtwinklig: ein Winkel ist 90° groß

spitzwinklig: alle Winkel sind kleiner als 90°

gleichschenklig: zwei Basiswinkel sind gleich groß, zwei Seiten sind gleich lang

| A | B | C | D | E |

Lösungswort:

erledigt kontrolliert

KOHL VERLAG Wochenplan Mathematik / 7. Schuljahr • Bestell-Nr. 11 597

Mo

Terme und Termvereinfachungen

Schreibe ohne Klammern und vereinfache den Term, wenn möglich.

A
$2m - (3m - n) - (m - n)$

$-5x + (4x - 6y) + 3y$

$7a + (2a - 3b) - (-3b)$

$(4x + 4y) + (3x - y)$

$(4x - 6y) - (2x + 3y)$

$(2a + 3b) - (-3a - 2b)$

B
$5x - (3x + y) - (x + y)$

$-12a - (4a + 9b) + 15a$

$7c - (-2c - 8d) + (-5d)$

$(-4x - 4y) - (3x - y)$

$(-4x + 6y) - (2x - 3y)$

$(-2a + 3b) - (3a - 2b)$

Di

Umfang und Flächeninhalt von Rechtecken

Ergänze die fehlenden Angaben des Rechtecks.

Länge	$2a$	a	$3a$			$2a^2$
Breite	a	$3b$		$2b$	$4b$	
Umfang				$2a + 4b$		
Flächeninhalt			$18ab$		$8b^2$	$2a^3$

Mi

Aufstellen von Termen

Beschreibe mit Buchstaben und Rechenzeichen, wie man

A den Umfang eines Quadrats berechnet.

B die Oberfläche eines Würfels berechnet.

C den Umfang eines Rechtecks berechnet.

D die Oberfläche eines Quaders berechnet.

Do

Winkel im Dreieck

Wie groß ist der fehlende Winkel des Dreiecks? Kreuze an. Die Kennbuchstaben der richtigen Antworten ergeben ein Wort.

	A	**B**	**C**	**D**	**E**	**F**
α	50°	32°		42°		56°
β		47°	38°	23°	92°	
γ	43°		83°		29°	83°

○ 86° (K) ○ 101° (A) ○ 57° (P) ○ 115° (N) ○ 57° (L) ○ 40° (E)
○ 87° (M) ○ 102° (L) ○ 58° (A) ○ 116° (S) ○ 58° (S) ○ 41° (T)
○ 88° (N) ○ 103° (E) ○ 59° (G) ○ 117° (O) ○ 59° (E) ○ 42° (I)

Lösungswort:

A	B	C	D	E	F

Fr

Rechnen mit rationalen Zahlen

Löse die Aufgaben. Die Kennbuchstaben bei den richtigen Lösungen ergeben ein Lösungswort.

A $-169 \cdot (18 + 6 - 9 - 13) \cdot (-\frac{2}{13}) =$

P 19   **M** 43   **E** 52

B $-1,8 - 6,6 - 10,9 - 6,9 \quad =$

U $-26,2$ **A** $-27,2$ **E** $-28,2$

C $-\frac{1}{3} \cdot (-4) \cdot \frac{1}{3} \cdot (-54) =$

P -22 **R** -24 **N** -26

D $5 \cdot (-\frac{3}{4}) \cdot (-18) \cdot (-\frac{8}{15}) =$

P -34 **O** -36 **S** -38

E $2,5 + 19,6 - 3,5 + 21,7 =$

E 29,2   **C** 30,9   **P** 40,3

F $-1,25 \cdot 6,7 \cdot (-8) =$

A 67   **N** -67 **H** -43

G $(2,1 - 6,6) \cdot (-0,5) + 2,8 =$

H 4,05   **P** 5,05   **E** 6,05

H $(36 - 48 + 72) : (-12) =$

O -5 **N** 5   **T** 6

I $0,25 : (-0,5) - (-1,25) : (-0,5) =$

I -2 **A** -5 **K** -3

J $5\frac{1}{2} - 6\frac{7}{20} - 6\frac{3}{4} + 4\frac{1}{5} - 1\frac{1}{4} + 1\frac{17}{20} =$

A $-2\frac{4}{5}$ **M** $-3\frac{1}{2}$ **F** $-1\frac{3}{5}$

K $(-4,2) : 6 - (-3,2) : (-8) =$

E 1,1   **L** $-1,1$ **F** 1,2

Lösungswort:

A	B	C	D	E	F	G	H	I	J	K

KOHL VERLAG   Wochenplan Mathematik / 7. Schuljahr   -   Bestell-Nr. 11 597

erledigt   kontrolliert

Mo

erledigt **kontrolliert**

Aufstellen von Termen
Beschreibe mit Buchstaben und Rechenzeichen, wie man

A den Umfang einer Raute berechnet.

B den Flächeninhalt eines Rechtecks berechnet.

C den Umfang eines gleichseitigen Dreiecks berechnet.

D den Umfang eines Parallelogramms berechnet.

Di

erledigt **kontrolliert**

Gleichungen
Bestimme die Lösung der Gleichungen.

A
$x + 9 = 24$
$x - 17 = 33$
$6 \cdot x = 78$
$3 \cdot x + 15 = 24$

B
$9 \cdot x = 54$
$x - 82 = 56$
$x + 27 = 79$
$4 \cdot x - 49 = 43$

C
$3 \cdot x = 81$
$x - 51 = 68$
$x + 35 = 63$
$6 \cdot x + 25 = 67$

Mi

erledigt **kontrolliert**

Terme
Klammere jeweils den angegebenen Faktor aus.

A
$6x + 18$ (6)
$32y^2 + 24x$ (8)
$7a + 21b - 63$ (7)

B
$5ax - 20y$ (5)
$-8x^2 + 2z$ (-2)
$18a + 9b - 99$ (9)

Do

erledigt **kontrolliert**

Rechnen mit rationalen Zahlen
Einige der 24 Aufgaben haben ein richtiges Ergebnis. Rechne schnell nach und streiche die Buchstaben bei den falschen Ergebnissen.
Die Buchstaben bei den Aufgaben mit dem richtigen Ergebnis liefern dir - im Uhrzeigersinn gelesen - das englische Wort für Lump, Schuft, Schurke. Wie heißt es?

D: $7 : 5 + 0,42 : 0,7 = 2$
S: $0,4 \cdot 1,3 = 5,2$
I: $3,6 + 7,4 \cdot 0,5 = 5,5$
K: $(2,1 + 3,4) \cdot 0,6 = 4,14$
R: $3 \cdot (0,5 : 0,4) : 0,7 = 3,75$
B: $73 \cdot 1,75 = 127,75$
N: $141,6 : 6 = 2,36$
M: $30,24 : 36 = 0,74$
A: $0,66 \cdot 33 = 21,78$
L: $1,8 \cdot 7,5 = 13,5$
R: $3,7 + 1,8 : 0,2 = 27,5$
U: $34,464 : 0,096 = 357$
E: $0,8 \cdot 3,5 \cdot 7,2 = 20,61$
T: $(2,3 - 0,75) \cdot 9 = 139,5$
U: $12 \cdot 0,9 + 7,1 = 17,9$
A: $978 \cdot 8,09 = 7912,02$
G: $12 + 0,9 \cdot 7,1 = 18,39$
D: $2,1 \cdot 0,3 \cdot 1,8 = 1,34$
O: $(0,4 + 3,8) \cdot 0,4 = 1,62$
W: $12 - 0,45 \cdot 7,8 = 8,72$
P: $0,184 : 0,08 = 23$
C: $0,5 \cdot 1,2 + 3,6 \cdot 0,7 = 3,18$
K: $12,4 \cdot 0,8 = 9,92$
W: $6,855 : 45,7 = 0,15$

Fr

erledigt **kontrolliert**

Termvereinfachungen
Vereinfache die Terme so weit wie möglich.

A
$2 \cdot x \cdot 4 \cdot 5y$
$x^2 \cdot 5x \cdot 3x$
$t^2 \cdot 5s \cdot t \cdot 2s$
$7ax \cdot 7ab \cdot (-3b)$
$18xy \cdot (-4v) \cdot 3vx$

B
$1,6r \cdot 4uv \cdot 5vw$
$2y \cdot 1,5y \cdot 6$
$3a^2 \cdot 2b^3 \cdot ab$
$5by \cdot 4bc \cdot (-0,6c)$
$9ab \cdot (-2c) \cdot 3ac$

KOHL VERLAG   Wochenplan Mathematik / 7. Schuljahr   -   Bestell-Nr. 11 597

Mo

Terme mit Klammern
Multipliziere aus und fasse zusammen.

A
$(x + 5) \cdot (x + 3)$
$(2a + 3) \cdot (a + 2)$
$(5x + 4y) \cdot (x + 3y)$
$(x - 2) \cdot (x - 4)$
$(0,5a + 1) \cdot (a - 4)$
$(0,2g + h) \cdot (g - 2h)$

B
$(a + 1) \cdot (a - 3)$
$(2x - 1) \cdot (x + 3)$
$(2a + 3b) \cdot (a - 2b)$
$(2a + 7b) \cdot (3a + b)$
$(x + 5) \cdot (x - 4)$
$(1,5a + 7b) \cdot (a + 4b)$

erledigt kontrolliert

Di

Flächeninhalt Trapez
Berechne den Flächeninhalt der Trapeze.

Grundseite a	8 cm	9,6 m	4,2 m	2 dm	8 km	12 mm
Grundseite c	6 cm	3,8 m	2,6 m	7 dm	12 km	7 mm
Höhe h	4 cm	2,5 m	5 m	4 dm	5 km	3,5 mm
Flächeninhalt A						

erledigt kontrolliert

Mi

Volumen und Oberfläche von Quadern
Berechne die fehlenden Maße der Quader.

A

Länge	12 cm	8 cm	15 cm
Breite	7 cm	10 cm	22 cm
Höhe	3 cm		
Oberfläche			1104 cm²
Volumen		240 cm³	

B

Länge	10 cm	5 cm	5 cm
Breite	20 cm	8 cm	10 cm
Höhe	5 cm		
Oberfläche			340 cm²
Volumen		720 cm³	

erledigt kontrolliert

Do

Umfang und Flächeninhalt
Ordne den einzelnen Flächen die richtigen Formeln zu und verbinde die Aufgaben mit den zugehörigen Lösungen.
Aus den Buchstaben, die auf den Verbindungslinien liegen, ergibt sich ein Lösungswort.

A **B** **C** **D** **E** **F** **G**

K S M I
G A R K I H P M W
L T B F C E N
U K

$u = 2a + 2b$
$A = a \cdot h_a$
$A = b \cdot h_b$

$u = 2a + 2b$
$A = \dfrac{e \cdot f}{2}$

$u = a + b + c$
$A = (a \cdot h_a) : 2$
$A = (a \cdot h_b) : 2$
$A = (a \cdot h_c) : 2$

$u = 4a$
$A = \dfrac{e \cdot f}{2}$

$u = 2a + 2b$
$A = a \cdot b$

$u = a + b + c + d$
$A = \dfrac{a + c}{2} \cdot h_a$

$u = 4a$
$A = a \cdot a$

A	B	C	D	E	F	G

Lösungswort: [ ][ ][ ][ ][ ][ ][ ]

erledigt kontrolliert

Fr

Stochastik

A Es wird eine Zahl gezogen. Wie groß ist die Wahrscheinlichkeit, dass eine Primzahl gezogen wird?

B Wie groß ist die Wahrscheinlichkeit, beim Würfeln mit einem Würfel keine Vier zu würfeln?

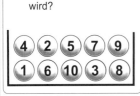

C Wie groß ist die Wahrscheinlichkeit, dass eine weiße Kugel gezogen wird?

D Wie groß ist die Wahrscheinlichkeit, an dem Glücksrad eine ungerade Zahl zu erdrehen?

erledigt kontrolliert

Mo

erledigt   kontrolliert

Zahlenschlangen
Ermittle, welche Zahl im ersten Feld steht.

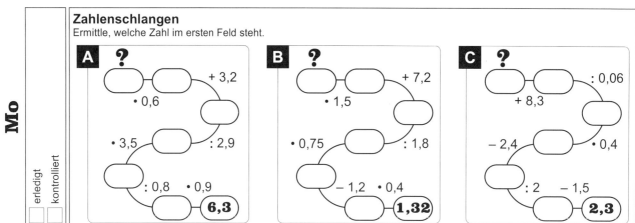

Di

erledigt   kontrolliert

Terme mit Klammern

A Dividiere.

$(12x - 8y) : 4$

$(30y - 12) : 6$

$(2c - 5a) : 0,2$

$(6a - 9b) : 1,5$

$(4y + 2a) : 2$

$(c - 2a) : 0,1$

B Multipliziere und fasse - wenn möglich - zusammen.

$(x + y + 5) \cdot (x - y)$

$(a + b + c) \cdot (a - b)$

$(v + w) \cdot (b - m - w)$

$(2a + b - 3) \cdot (a + 2b)$

$(x + y + z) \cdot (x - y)$

$(a + 7b) \cdot (a - b - 5)$

Mi

erledigt   kontrolliert

Flächeninhalt Parallelogramm
Berechne den Flächeninhalt.

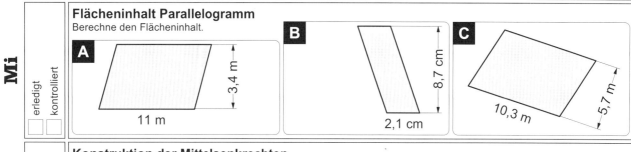

Do

erledigt   kontrolliert

Konstruktion der Mittelsenkrechten
Hier siehst du, wie man die Mittelsenkrechte konstruiert. Führe diese Konstruktion selbst durch.

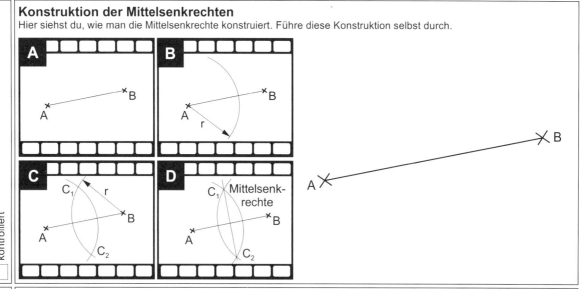

Fr

erledigt   kontrolliert

Winkelsumme in Dreiecken und Vierecken
Berechne die Größe der Winkel.

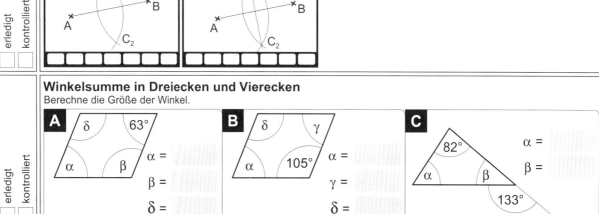

26

KOHL VERLAG   Wochenplan Mathematik / 7. Schuljahr   Bestell-Nr. 11 597

Mo

Baumdiagramme

A Fülle das Gefäß mit Kugeln, so dass das Baumdiagramm stimmt.

$\frac{1}{4}$ — s

$\frac{3}{4}$ — w

B Welche Kugeln sind im Gefäß, so dass das Baumdiagramm stimmt?

$\frac{3}{7}$ — s

$\frac{4}{7}$ — w

C Ergänze das Baumdiagramm zu diesem Urnenversuch.

— s

— w

D Ergänze das Baumdiagramm zu diesem Urnenversuch.

— s

— w

erledigt kontrolliert

Di

Flächeninhalt Trapez
Berechne den Flächeninhalt.

A 11 cm, 3 cm, 14 cm

A =

B 20,4 m, 3,4 m, 18,2 m

A =

C 7 m, 12 m, 11 cm

A =

erledigt kontrolliert

Mi

Aufstellen von Gleichungen
Schreibe eine Gleichung und bestimme die unbekannte Zahl.

A Die Summe aus einer unbekannten Zahl und 67 ist 172.

B Die Differenz aus einer unbekannten Zahl und 89 ist 115.

C Das Produkt aus einer unbekannten Zahl und 89 ist 1068.

D Der Quotient aus einer unbekannten Zahl und 16 ist 13.

erledigt kontrolliert

Do

Die Mittelsenkrechten im Dreieck
Zeichne ein Dreieck ABC mit A(1|2), B(7|1) und C(4|6). Konstruiere die Mittelsenkrechten der drei Seiten. Was kannst du über den Schnittpunkt sagen?

erledigt kontrolliert

Fr

Gleichungen
Finde die Zahl x mithilfe von Umkehroperatoren.

A x $\cdot 2$ $+ 8$ 22

B x $\cdot 12$ $- 35$ 25

C x $\cdot 4$ $+ 3$ 31

D x $: 6$ $+ 18$ 27

E x $: 4$ $+ 29$ 37

F x $: 6$ $- 27$ 9

G x $: 8$ $+ 9$ 15

H x $\cdot 4$ $+ 7$ 15

I x $: 14$ $+ 5$ 4

erledigt kontrolliert

Mo

erledigt kontrolliert

Aufstellen von Gleichungen
Schreibe eine Gleichung und bestimme die unbekannte Zahl.

A Vermehrt man das 8fache einer Zahl um 25, so erhält man 121.

B Vermindert man das 4fache einer Zahl um 85, so erhält man 23.

C Vermehrt man die Hälfte einer Zahl um 19, so erhält man 51.

D Vermindert man den dritten Teil einer Zahl um 17, so erhält man 12.

Di

erledigt kontrolliert

Volumen zusammengesetzter Körper
Berechne das Volumen der Körper (Maßangaben in cm).

A cm³   **B** cm³   **C** cm³   **D** cm³

Mi

erledigt kontrolliert

Konstruktion der Winkelhalbierenden
Hier siehst du die einzelnen Schritte zur Konstruktion der Winkelhalbierenden w_α. Führe diese Konstrukion selbst durch.

A   **B**   **C**   **D**

Do

erledigt kontrolliert

Richtig oder falsch?
Entscheide, ob die Aussagen richtig oder falsch sind. Die Kennbuchstaben der richtigen Antworten ergeben ein Wort.

A Die Figuren haben den gleichen Flächeninhalt.

L richtig
S falsch

B Die kanadische Flagge ist punkt-symmetrisch.

T richtig **A** falsch

C Alle Würfel sind auch Quader.

U richtig **A** falsch

D Die Flagge von Trinidad und Tobago ist punkt-symmetrisch.

B richtig **R** falsch

A	B	C	D

Lösungswort:

Fr

erledigt kontrolliert

Rechnen mit rationalen Zahlen
Berechne geschickt.

A

$3 \cdot (-1,2) - (-1,2) \cdot 5 + 6 \cdot (-1,2) =$

$-12,2 \cdot 6,4 - 6,4 \cdot 5,3 + 6,4 \cdot 4,8 =$

$-9 \cdot 2,8 + 12 \cdot 2,8 - 2,8 \cdot (-19) =$

B

$5,7 \cdot (-0,5) + (-0,5) \cdot 6 - 12 \cdot (-0,5) =$

$10,7 \cdot (-2,5) - 10,7 \cdot 5,5 + 11,2 \cdot 10,7 =$

$-7,4 \cdot 2,4 + 4,6 \cdot (-7,4) + 9,5 \cdot (-7,4) =$

Mo

Bestimmen von Winkeln
Welchen Winkel bilden die Zeiger der Uhren jeweils?

A   B   C   D

erledigt   kontrolliert

Di

Textaufgaben

A Jack Potts Lottogemeinschaft „Always Six", die aus zwölf Personen besteht, hat die langersehnten 6 Richtigen geschafft und 1047000 € gewonnen. Wie viel erhält jeder?

B Kapitän Störtebeckers Trinkwasservorrat ist für die 70 Mann Besatzung auf 54 Tage ausgelegt. Er heuert weitere 20 Matrosen an. Wie lange reicht der Vorrat jetzt noch?

C Der Wagen von Harry Bleifuß braucht auf 100 km 9,6 l Benzin. In seinen Tank passen 62,4 Liter. Wie weit kommt er damit?

D Die Buskosten für eine Klassenfahrt kostet jeden der 28 Schüler 27,50 €. Leider mussten drei Kinder kurz vor der Fahrt wegen Krankheit absagen. Der Busunternehmer muss aber trotzdem mit dem vollen Preis bezahlt werden. Wie viel muss jetzt jeder zahlen?

erledigt   kontrolliert

Mi

Aufstellen von Termen
Schreibe den entsprechenden Term auf und berechne ihn.

A Subtrahiere von 18,3 die Summe der Zahlen 8,9 und 2,7.

B Multipliziere die Differenz der Zahlen 9,7 und 6,8 mit (− 2,5).

C Addiere das Produkt der Zahlen 1,2 und (− 0,8) und den Quotienten aus 4,5 und 9.

D Multipliziere die Summe der Zahlen 1,9 und 0,8 mit (− 0,2).

erledigt   kontrolliert

Do

Winkelhalbierende im Dreieck
Zeichne ein Dreieck ABC mit A(0|0), B(7|2) und C(3|6).
Konstruiere die Winkelhalbierenden der drei Winkel.
Was kannst du über den Schnittpunkt sagen?

erledigt   kontrolliert

Fr

Winkel an Geradenkreuzungen
Berechne die Größe der fehlenden Winkel.

A   B   C   g ∥ h

$\beta =$ ____ $\gamma =$ ____ $\delta =$ ____

$\alpha =$ ____ $\beta =$ ____ $\gamma =$ ____

$\alpha_1 =$ ____ $\alpha_2 =$ ____ $\alpha_3 =$ ____

erledigt   kontrolliert

Mo

erledigt kontrolliert

Sachaufgaben: Prozentrechnung

A
Der Indische Ozean bedeckt eine Fläche von 72 000 000 km². Das sind ungefähr 20 % der gesamten Meeresfläche. Wie groß ist die gesamte Meeresfläche?

B
Eine Schokoladensorte enthält 30 % Kakaobestandteile. Wie viel kg Kakao werden für 600 000 Schokoladentafeln zu je 150 g benötigt?

C
Ein Haus bringt jährlich 7 200 € an Mieten ein. Das sind 2,5 % des Kaufpreises. Wie teuer war das Haus?

D
Das Verkehrszeichen bedeutet, dass auf einer waagerechten Strecke von 100 m die Straße um 8 m ansteigt. Welcher Höhenunterschied besteht auf einer waagerechten Strecke von 1200 m?

Di

erledigt kontrolliert

Der Mittelwert

Papa Boilnix führt genau Buch über die Haushaltsausgaben seiner Frau Carlotta. Berechne einmal, was Frau Boilnix durchschnittlich im Monat ausgegeben hat.

Januar	Februar	März	April	Mai	Juni	Juli	August	September	Oktober	November	Dezember
623 €	798 €	845 €	1004 €	783 €	904 €	838 €	1028 €	1117 €	990 €	1204 €	1158 €

Mi

erledigt kontrolliert

Rechnen mit rationalen Zahlen
Berechne.

A
$$\frac{2}{3} : (\frac{1}{3} - \frac{2}{5}) - \frac{11}{20}$$

$$\frac{14}{27} \cdot 54 - (1\frac{1}{2} - 2\frac{1}{8}) - 9\frac{3}{4}$$

$$[(-\frac{3}{5}) \cdot 1\frac{1}{2} - \frac{11}{15}] \cdot \frac{5}{6}$$

$$-7\frac{7}{10} \cdot \frac{15}{28} - \frac{7}{10} : \frac{14}{15}$$

B
$$1\frac{2}{3} : (-\frac{5}{6}) + \frac{3}{8} \cdot (-3\frac{7}{12})$$

$$(-2\frac{7}{8}) \cdot \frac{2}{3} + \frac{5}{6} \cdot (-\frac{3}{5})$$

$$(-12\frac{2}{3}) : 19 - 4\frac{2}{3} \cdot \frac{6}{7}$$

$$6\frac{2}{3} \cdot \frac{7}{10} - \frac{4}{5} \cdot (-2\frac{5}{6})$$

Do

erledigt kontrolliert

Konstruktion von Winkelhalbierenden
Es soll ein Grillplatz aufgebaut werden, der von allen drei Wanderwegen den gleichen Abstand hat.

Wanderweg A6

Wanderweg A3

Wanderweg A1

Fr

erledigt kontrolliert

Flächen mit gleichem Flächeninhalt
Zeichne eine weitere Fläche, die den gleichen Flächeninhalt wie die zwei anderen Flächen hat.

A

B

C

Mo

Gleichungen
Stelle eine Gleichung auf und berechne die fehlende Seitenlänge.

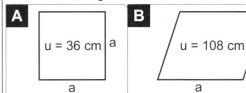
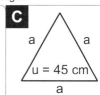
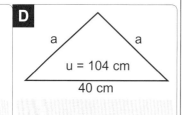

A $u = 36$ cm, a

B $u = 108$ cm, 26 cm

C a a $u = 45$ cm, a

D a a $u = 104$ cm, 40 cm

erledigt · kontrolliert

Di

Magische Quadrate mit rationalen Zahlen
Waagerecht, senkrecht und diagonal muss die Addition der drei Zahlen immer dieselbe Summe ergeben.

A

	3	
−5		
4	−3	−1

B

1,2	−3,2	1,1
	2,6	

C

		$-1\frac{1}{4}$
$-1\frac{1}{2}$	$-\frac{1}{2}$	
$\frac{1}{4}$		

D

	$-\frac{1}{6}$	
$-1\frac{1}{6}$	$-\frac{1}{3}$	$\frac{1}{2}$
		$-\frac{2}{3}$

erledigt · kontrolliert

Mi

Rechnen mit ganzen Zahlen
Du darfst die Faktoren vertauschen und Klammern setzen. Dann kannst du das Ergebnis blitzschnell im Kopf berechnen.

A

$-2 \cdot 34 \cdot 50$

$-76 \cdot (-4) \cdot 25$

$50 \cdot (-48) \cdot (-2)$

$40 \cdot (-25) \cdot 39$

B

$13 \cdot 125 \cdot (-8)$

$-20 \cdot 26 \cdot (-50)$

$-8 \cdot 23 \cdot (-125)$

$-500 \cdot (-35) \cdot (-2)$

C

$4 \cdot (-250) \cdot 19$

$66 \cdot (-20) \cdot 50$

$25 \cdot 99 \cdot (-4)$

$-18 \cdot 125 \cdot (-8)$

erledigt · kontrolliert

Do

Dreieckskonstruktion (SSS)
Von einem Dreieck sind gegeben a = 4,3 cm, b = 5,5 cm und c = 7 cm.
Führe die Konstruktion aus. Die Abbildungen zeigen dir, wie es geht.

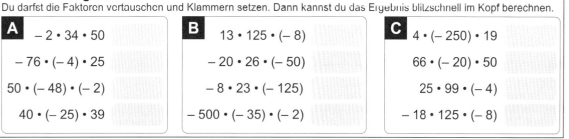

erledigt · kontrolliert

Fr

Termvereinfachungen
Wenn du dir die Termvereinfachungen genau betrachtest, wirst du feststellen, dass einige Vereinfachungen richtig, andere falsch sind. Kreuze den entsprechenden Buchstaben an. Du erhältst bei richtiger Lösung ein englisches Sprichwort.

Platz für Nebenrechnungen:

Term	RICHTIG	FALSCH
$9 \cdot b + 7 \cdot b - 3 \cdot b = 13b$	C	M
$5 \cdot 3 \cdot (a + b) = 5a + 3b$	A	U
$25 \cdot a + 23 \cdot b = 48ab$	N	R
$w + a + u + w + a + u + w + a + u = 3w + 3a + 3u$	I	Y
$6 \cdot 5 \cdot m \cdot n = 65mn$	H	O
$7,93 \cdot t - 6,93 \cdot t = 1$	A	S
$s + 4 \cdot s = 5s$	I	N
$9 \cdot p - (2 \cdot p + 4 \cdot p) = 11p$	D	T
$a + a + a - a = 4a$	S	Y
$-a + 1 \cdot a = 0$	K	M
$4 \cdot 3 \cdot u \cdot v = 43uv$	A	I
$7q - 2q - 4q = q$	L	K
$1 \cdot y - y = 0$	L	E
$7 \cdot g - 3 \cdot g + 4 \cdot g - 6 \cdot g = 5g$	L	E
$-12 \cdot c + 4 \cdot c - 1 \cdot c = -9c$	D	I
$11 \cdot c - c = 11$	G	T
$9b + 6z - 5b + 1z = 4b + 7z$	H	T
$a - 35\,a = -35$	W	E
$12r + r + 2 \cdot r = 15r$	C	O
$35b - 17 - 18b = 0$	R	A
$12 \cdot u - 13 \cdot u = -u$	T	K

erledigt · kontrolliert

KOHL VERLAG · Wochenplan Mathematik / 7. Schuljahr · Bestell-Nr. 11 597

Mo

erledigt ☐ kontrolliert ☐

Rechnen mit rationalen Zahlen
Du darfst die Faktoren vertauschen und Klammern setzen. Dann kannst du das Ergebnis im Kopf berechnen.

A
$-12,5 \cdot 21 \cdot 8$

$2 \cdot 17 \cdot (-0,5)$

$0,5 \cdot 55 \cdot (-20)$

$0,25 \cdot (-9) \cdot (-4)$

B
$50 \cdot (-0,2) \cdot 38$

$-15 \cdot 1,25 \cdot (-80)$

$-5 \cdot (-0,2) \cdot 24,3$

$1,25 \cdot 169 \cdot (-8)$

C
$-0,4 \cdot 25 \cdot 7,2$

$4,7 \cdot (-20) \cdot 0,5$

$125 \cdot 1,57 \cdot (-0,8)$

$-2,5 \cdot 72,5 \cdot (-4)$

Di

erledigt ☐ kontrolliert ☐

Aufstellen von Termen
Schreibe den entsprechenden Term auf und berechne ihn.

A Addiere die Zahlen -12 und 8 und multipliziere diese Summe mit $-0,5$.

B Multipliziere die Summe aus -9 und -16 mit -4.

C Multipliziere die Zahl -3 mit -5 und addiere zum Produkt die Zahl -27.

D Multipliziere die Summe aus 6 und 9 mit -9 und addiere dazu -83.

Mi

erledigt ☐ kontrolliert ☐

Dreieckskonstruktion (SWS)
Von einem Dreieck sind gegeben c = 7 cm, a = 4,1 cm, β = 42°.
Führe die Konstruktion aus. Die Abbildungen zeigen
dir, wie es geht.

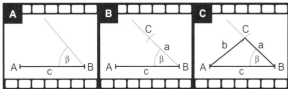

Do

erledigt ☐ kontrolliert ☐

Rechnen mit Brüchen
Hinter diesem Rätsel verbirgt sich ein englisches Sprichwort, dass du herausfinden kannst, wenn du die 20 Aufgaben in den Achteckwaben löst. Beginne jeweils mit der Bruchzahl, die über dem schwarzen Dreieck steht und rechne dann im Uhrzeigersinn weiter, wobei natürlich gilt: Punkt- vor Strichrechnung. Wenn du richtig gerechnet hast, sagt dir dein Ergebnis, welchen Buchstaben des Alphabets (A = 1, B = 2, usw.) du in das mittlere freie Feld schreiben musst. Alle Buchstaben - zeilenweise gelesen - ergeben das Sprichwort.

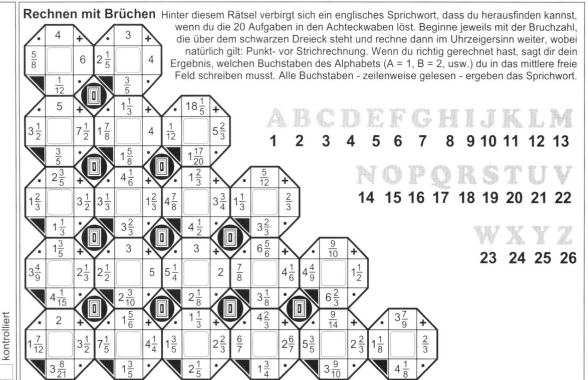

A	B	C	D	E	F	G	H	I	J	K	L	M
1	2	3	4	5	6	7	8	9	10	11	12	13

N	O	P	Q	R	S	T	U	V
14	15	16	17	18	19	20	21	22

W	X	Y	Z
23	24	25	26

Fr

erledigt ☐ kontrolliert ☐

Vorteilhaft rechnen
Rechne vorteilhaft, indem du einen gemeinsamen Faktor ausklammerst.

A
$28 \cdot 12 - 24 \cdot 12$

$-12 \cdot (-9) + 6 \cdot (-9)$

$-19 \cdot 23 + 18 \cdot 23$

B
$16 \cdot 18 - 18 \cdot 18$

$-7 \cdot (-8) - 9 \cdot (-8)$

$1,5 \cdot (-29) + 1,5 \cdot 26$

C
$15 \cdot (-49) + 15 \cdot 57$

$1,7 \cdot (-4) + 0,8 \cdot (-4)$

$2,83 \cdot (-8) - 1,58 \cdot (-8)$

Mo

erledigt kontrolliert

Rechendiktat
Rechne die Aufgaben aus und schreibe die Lösungen in die freien Felder unter den Aufgaben.

A $-2,4$ $-12,5$ $8,7$

kleinste Zahl mal größte Zahl
minus mittlere Zahl

B $-6,9$ $13,2$ $-1,6$

kleinste Zahl mal mittlere Zahl
plus größte Zahl

C $-9,2$ $-18,5$ $-5,8$

größte Zahl mal mittlere Zahl
minus kleinste Zahl

Di

erledigt kontrolliert

Rationale Zahlen am Zahlenstrahl
Welche rationale Zahl liegt auf dem Zahlenstrahl in der Mitte der angegebenen Zahlen?

A $-2,5$ und $4,9$

$-2,5$ $4,9$

B $-25,3$ und $8,7$

$-25,3$ $8,7$

C $-87,2$ und $-9,1$

$-87,2$ $-9,1$

D $-25,8$ und $98,4$

$-55,8$ $98,4$

Mi

erledigt kontrolliert

Dreieckskonstruktion (WSW)
Von einem Dreieck sind gegeben c = 7,8 cm, $\alpha = 42°$, $\beta = 54°$.
Führe die Konstruktionsschritte aus. Die Abbildungen zeigen
dir, wie es geht.

A A ├─── c ───┤ B

B A ∠α ──c── B

C A ∠α ──c── ∠β B, C

Do

erledigt kontrolliert

Multiplizieren und Addieren rationaler Zahlen
Multipliziere jede der acht Zahlen mit dem angegebenen Faktor in der Mitte und trage deine Ergebnisse in die freien
Felder an. Addiere anschließend alle acht Ergebnisse. Was erhältst du als Endergebnis?

A
-150 -210
770 $\cdot (-1,3)$ 630
420 370
-940 -520

B
-160 -230
780 $\cdot (-0,6)$ 690
440 320
-910 -570

C
-190 -220
710 $\cdot (-3,5)$ 640
450 360
-980 -530

Endergebnis: _____   Endergebnis: _____   Endergebnis: _____

Fr

erledigt kontrolliert

Aufstellen von Gleichungen
Schreibe eine Gleichung und bestimme die unbekannte Zahl.

A Vermehrt man das Dreifache einer Zahl um 7, so erhält man 31.

B Subtrahiert man 17 vom Doppelten einer Zahl, so erhält man -7.

C Die Summe aus dem Fünffachen einer Zahl und 45 ist 10.

D Vermehrt man das Zehnfache einer Zahl um 48, so erhält man 82.

B Verdreifacht man die Summe aus einer Zahl und 17,
so erhält man 69

C Vermindert man eine Zahl um 45 und verdoppelt diese Differenz,
so erhält man 58.

Mo

Winkel im Viereck

Wie groß ist der fehlende Winkel des Vierecks? Kreuze an. Die Kennbuchstaben der richtigen Anworten ergeben ein Wort.

	A	B	C	D	E	F	G
α	90°		83°	90°		68°	125°
β	90°	45°	107°	90°	47°		
γ		45°			133°	87°	83°
δ	70°	125°	90°	90°	47°	138°	96°

Lösungswort:

A	B	C	D	E	F	G

○ 100° (K)   ○ 145° (A)   ○ 70° (H)   ○ 90° (I)   ○ 131° (I)   ○ 66° (C)   ○ 55° (K)
○ 105° (S)   ○ 150° (L)   ○ 80° (T)   ○ 80° (M)   ○ 132° (A)   ○ 67° (N)   ○ 56° (T)
○ 110° (P)   ○ 155° (C)   ○ 90° (A)   ○ 70° (L)   ○ 133° (E)   ○ 68° (U)   ○ 57° (H)

erledigt   kontrolliert

Di

Drehsymmetrische Figuren

Überprüfe die Figuren auf Drehsymmetrie. Zeichne gegebenenfalls den Drehpunkt Z ein und gib den Drehwinkel an.

A   B   C   D

erledigt   kontrolliert

Mi

Klammern setzen

Wenn du Klammern an die richtigen Stellen setzt, stimmt das Ergebnis.

A

$24 - 30 \cdot 7 = -42$

$4 - 7 - 6 : 9 = -1$

$-9 + 8 - 10 : 2 = -10$

$-9 \cdot 47 - 45 - 2 = -20$

B

$-3 - 12 : (-5) + 12 = 15$

$-51 - 12 : (-7) - 4 = 5$

$5 + 5 \cdot (-5) - 5 : 5 = -5$

$-2 + 5 \cdot (-5) - 2 = -21$

erledigt   kontrolliert

Do

Dreieckskonstruktion (SSW)

Gegeben: c = 4,2 cm, b = 4,5 cm, β = 32°. Führe die Konstruktion aus. Die Abbildungen zeigen dir, wie es geht.

A: A ⊢—c—⊢ B

B: A ⊢—c—⊢ B β

C: A ⊢—c—⊢ B β

D: C A ⊢—c—⊢ B β

E: C b A ⊢—c—⊢ B β

erledigt   kontrolliert

Fr

Puzzeln mit Tangram

Schneide die sieben Tangramteile aus und lege die Figuren nach.

A   B   C

Lege weitere Figuren. Deiner Phantasie
sind keine Grenzen gesetzt.

erledigt   kontrolliert

Wochenplan ____	Name: _____	Klasse: ____	Abgabe am: _____

Mo

Ungleichungen

Gib die Lösungen der Ungleichungen an. Die Kennbuchstaben der richtigen Antworten ergeben ein Wort.

A $5x + 12 > 17$
- ◯ x > 5 (T)
- ◯ x > − 1 (A)
- ◯ x > 1 (M)

B $3x − 31 < 11$
- ◯ x < 14 (Ü)
- ◯ x < 42 (W)
- ◯ x > 14 (T)

C $x + 1,2 > 3,8$
- ◯ x > 5 (I)
- ◯ x > 2,6 (C)
- ◯ x < 5 (O)

D $x − 68 < 7$
- ◯ x < 75 (K)
- ◯ x > 61 (L)
- ◯ x < 61 (S)

E $− 5x − 18 > 7$
- ◯ x > − 5 (T)
- ◯ x < − 5 (E)
- ◯ x > 2 (L)

A	B	C	D	E

Lösungswort:

erledigt | kontrolliert

Di

Dreieckstypen

Um welche Dreiecke handelt es sich hier? Gib die Art der Dreiecke an.

- A
- B
- C
- D
- E
- F
- G

A B C D E F G

erledigt | kontrolliert

Mi

Dreieckskonstruktionen

A Zeichne ein gleich-seitiges Dreieck mit a = 5 cm. Zeichne anschließend alle Symmetrieachsen ein.

B Zeichne ein gleich-schenkliges Dreieck mit a = b = 5 cm und γ = 50°. Zeichne anschließend die Symmetrieachse ein.

erledigt | kontrolliert

Do

Puzzeln mit Tangram

Schneide die sieben Teile aus und lege die Figuren nach.

A B C

D E

Lege weitere Figuren. Deiner Phantasie sind keine Grenzen gesetzt.

Fr

Division von Dezimalbrüchen

In jeder Aufgabe wurde vergessen, ein Komma zu setzen. Ergänze so, dass die Rechnung stimmt.

A
$132 : 4 = 3,3$
$385 : 5 = 0,77$
$6594 : 7 = 9,42$

B
$89,6 : 8 = 112$
$41,76 : 12 = 348$
$38,58 : 3 = 1286$

C
$4938 : 6 = 8,23$
$119,16 : 9 = 1324$
$81,41 : 7 = 1163$

erledigt | kontrolliert

KOHL VERLAG   Wochenplan Mathematik / 7. Schuljahr   -   Bestell-Nr. 11 597

Mo

erledigt ☐ kontrolliert ☐

Bezeichnungen am Dreieck
Vervollständige die Benennung der Dreiecke.

A B

B c

C γ

D a

Di

erledigt ☐ kontrolliert ☐

Dreieckstypen
Um welches Dreieck handelt es sich? Schreibe den Namen der Dreiecke in die grauen Kästchen.

A a = 6 cm, b = 6 cm, c = 6 cm

B c = 6 cm, α = 40°, β = 40°

C a = 3 cm, b = 4 cm, γ = 90°

D b = 6 cm, c = 7 cm, α = 112°

E c = 8 cm, α = 55°, β = 65°

F a = 6 cm, α = 30°, β = 60°

Mi

erledigt ☐ kontrolliert ☐

Dreieckskonstruktion

Konstruiere in das Koordinatensystem
das Dreieck mit A(0|2), B(3|0),
a = 4,5 cm, β = 70°.
Gib die Koordinaten des
Punktes C an.

Do

erledigt ☐ kontrolliert ☐

Puzzeln mit Tangram
Schneide die sieben Teile aus und lege die Figuren nach.

A

B

C

D

Lege weitere Figuren.
Deiner Phantasie sind
keine Grenzen gesetzt.

Fr

erledigt ☐ kontrolliert ☐

Kreisdiagramme
Wie viel Prozent des Kreises sind gekennzeichnet?

A

B

C

D

E

KOHL VERLAG   Wochenplan Mathematik / 7. Schuljahr   -   Bestell-Nr. 11 597

Mo

Berechnen von Winkeln
Gib die Größe aller Winkel an.

A

90°
γ
ε 40° β 130°
δ
β   δ
γ   ε

B

β   γ
α
g
g || h
110°   120°   h
α   γ
β

C

β
g   g || h   h
α
55°   70°
α
β

Di

Richtig oder falsch?
Kreuze an, ob die Aussage richtig oder falsch ist. Die Kennbuchstaben der richtigen Antworten ergeben ein Wort.

A Eine Raute ist dann ein Quadrat, wenn alle Winkel der Raute 90° sind.
○ richtig (G)
○ falsch (H)

B α und β sind Scheitelwinkel.
β   α
○ richtig (E)
○ falsch (R)

C In einem Drachen sind die Mittellinien Symmetrieachsen.
○ richtig (I)
○ falsch (A)

D Die dargestellte Zuordnung ist proportional.
○ richtig (V)
○ falsch (R)

E $(-4)^2 < 4^2$
○ richtig (A)
○ falsch (U)

F Scheitelwinkel und Nebenwinkel ergänzen sich zu 180°.
○ richtig (R)
○ falsch (T)

A	B	C	D	E	F

Lösungswort:

Mi

Auswerten von Graphen
Beantworte die Fragen zu den einzelnen Graphen.

A Wer hat den weiteren Weg bis zum Treffpunkt?
Entfernung in m
Bernd
Treffpunkt
Ina
Zeit

B Uwe und Gerd laufen aufeinander zu. Wann treffen sie sich?
Entfernung
Gerd
Uwe
10^{00} 11^{00} Zeit

C Wann wurden die meisten Getränke verkauft?
verkaufte Flaschen
×   ×   ×   ×   ×
11^{00} 13^{00} 15^{00} Zeit

D Wann war Peter wieder zu Hause?
Entfernung von zu Hause in km
3
2
1
16^{00} Uhr 17^{00} Uhr 18^{00} Uhr

Do

Viereckskonstruktionen
Konstruiere ein gleichschenkliges Trapez mit
a = 9,2 cm, b = 5,2 cm, δ = 123°.

Planfigur:

D   C
δ
b
A   a   B

Fr

Übungen im Koordinatensystem
Welche Figur entsteht, wenn du die angegebenen Punkte nacheinander verbindest?

A A(−2|2) B(−2|−4)
C(3|−2) D(3|4)
y
1
0   1   x

B A(−4|0) B(−2|−3)
C(3|0) D(−2|3)
y
1
0   1   x

C A(−3|1) B(−3|−1)
C(3|−3) D(3|2)
y
1
0   1   x

D A(−1|1) B(1|−2)
C(3|1) D(1|4)
y
1
0   1   x

Mo

erledigt | kontrolliert

Rechnen mit großen Zahlen
Löse die beiden Kreuzzahlrätsel.

A
Waagerecht
a) $312 \cdot 613 + 110368$
d) $536 \cdot 423 - 51089$
f) $623 \cdot 912 + 56405$

Senkrecht
a) $50728 - 49 \cdot 318$
b) $25 \cdot 37 - 289$
c) $67509 - 53 \cdot 406$
e) $21 \cdot 24$

B
Waagerecht
a) $5 \cdot (12996 + 19975)$
d) $39 \cdot (3008 + 4205)$
f) $30 \cdot (6184 + 11709)$

Senkrecht
a) $15 \cdot (749 + 404)$
b) $3 \cdot (332 - 51)$
c) $60 \cdot (18306 - 17443)$
e) $4 \cdot (5 \cdot 17 - 51)$

Di

erledigt | kontrolliert

Dreieckskonstruktionen
Entscheide ohne zu zeichnen, ob du die Dreiecke konstruieren kannst. Kreuze an.

a	5,1 cm	5,1 cm	4,9 m	1,3 dm	3,2 cm	2,4 cm	5,6 cm	2,6 cm
b	4,6 cm	10,8 cm	0,2 m	6,2 cm	7,6 cm	2,2 cm	9,2 cm	8,5 cm
c	72 mm	16 cm	5,0 m	59 mm	5,3 cm	4,6 cm	7,4 cm	2,6 cm

○ ja   ○ ja   ○ ja   ○ ja   ○ ja   ○ ja   ○ ja   ○ ja
○ nein ○ nein ○ nein ○ nein ○ nein ○ nein ○ nein ○ nein

Mi

erledigt | kontrolliert

Kreisdiagramm
Nach einer Wahl ergaben sich für die Parteien folgende Stimmenanteile:
CIP 34 %
SIP 28 %
FIP 23 %
GIP 12 %
Sonstige 3 %.
Erstelle anhand der Daten das entsprechende Kreisdiagramm.

CIP [34 %]   °
SIP [28 %]   °
FIP [23 %]   °
GIP [12 %]   °
Sonstige [3 %] °

Do

erledigt | kontrolliert

Überprüfen von Aussagen
Wenn du die Aussagen überprüfst, wirst du feststellen, dass einige Aussagen richtig, andere falsch sind.
Kreise den entsprechenden Buchstaben ein. Du erhältst bei richtiger Lösung ein englisches Sprichwort.

Platz für Nebenrechnungen:

Aussage	RICHTIG	FALSCH
1 kg Mehl kostet 70 Cent. 2,5 kg Mehl kosten 2,10 €.	C	H
Eine Raumstation umkreist die Erde zweimal in 3 Stunden. An einem Tag sind das 16 Umkreisungen.	E	U
24 Mähdrescher schaffen ein großes Weizenfeld in 6 Tagen. Acht Mähdrescher brauchen dafür 18 Tage.	W	R
Im gleichschenkligen Dreieck sind alle Winkel gleich groß.	I	H
In jedem Fünfeck ist die Winkelsumme 360°.	Y	O
Auf der Mittelsenkrechten einer Strecke $\overline{AB}$ liegen alle Punkte, die von A und B gleich weit entfernt liegen.	H	S
Wenn man Dreiecke bezeichnet, dann liegt die Seite a gegenüber A, Seite b gegenüber B und Seite c gegenüber C.	E	Y
Herr Bleifuß legte in 5 Stunden 480 km zurück. Seine Durchschnittsgeschwindigkeit betrug 90 $\frac{km}{h}$.	Y	S
Der Graph einer proportionalen Funktion ist eine Halbgerade.	I	Y
Wenn $90° < \alpha < 180$, dann handelt es sich um einen spitzen Winkel.	K	T
Wechselwinkel an geschnittenen Parallelen ergänzen sich zu 180°.	Y	A
Stufenwinkel an geschnittenen Parallelen sind gleich groß.	T	Y
Scheitelwinkel sind gleich groß.	E	Y
Die Winkelhalbierende w_α eines Winkels a besteht aus allen Punkten, die von den Schenkeln des Winkels denselben Abstand haben.	S	E
Nebenwinkel sind gleich groß.	D	I
Alle Punkte eines Kreises haben vom Mittelpunkt dieselbe Entfernung.	S	T
Haben Dividend und Divisor gleiche Vorzeichen, dann ist der Wert des Quotienten negativ.	H	L
Haben die beiden Faktoren bei einer Multiplikationsaufgabe verschiedene Vorzeichen, dann ist der Wert des Produkts positiv.	Y	O
Der Graph einer umgekehrt proportionalen Funktion heißt Hyperbel.	S	Y
Brüche werden dividiert, indem man den ersten Bruch mit dem Kehrbruch des zweiten Bruches multipliziert.	T	A

Fr

erledigt | kontrolliert

Zeichnen eines Streifendiagramms
Der menschliche Körper besteht zu circa 66 % aus Wasser, zu 11 % aus Fett, zu 17 % aus Eiweiß und zu 6 % aus Mineralien und Kohlehydrate. Zeichne für diese Angaben ein Streifendiagramm.

KOHL VERLAG   Wochenplan Mathematik / 7. Schuljahr - Bestell-Nr. 11 597

Mo

Balkendiagramm

Stelle die gerundeten Stimmenanteile in % bei Wahlen von 2007 und 2014 in einem Balkendiagramm dar.

	2007	2014
CPI	46	38
SPI	37	37
FPI	5	6
GPI	8	8
Sonstige	4	11

Sonstige

GPI

FPI

SPI

CPI

☐ 2014
■ 2007

%

erledigt **kontrolliert**

Di

Flächenberechnung im Koordinatensystem

Bauer A. Gricola hat seine Felder koordinatenmäßig erfasst. Ein Kästchen hat einen Flächeninhalt von 100 m².
Bestimme den Flächeninhalt dieser Felder in m².

A A(0|4) B(5|1) C(8|5) D(10|6) E(12|2) F(13|7) G(4|10)

B A(1|3) B(4|0) C(11|2) D(10|9) E(6|6) F(3|10) G(1|8)

erledigt **kontrolliert**

Mi

Winkelberechnung

A Ein Basiswinkel eines gleichschenkligen Dreiecks misst 84°.
Wie groß ist der Winkel an der Spitze?

B Der Winkel an der Spitze eines gleichschenkligen Dreiecks misst 61,2°.
Berechne die Größe der beiden Basiswinkel.

C Der Winkel γ liegt an der Spitze eines gleichschenkligen Dreiecks.
Der Winkel α misst 74°. Wie groß ist der Winkel γ?

erledigt **kontrolliert**

Do

Viereckskonstruktion

Konstruiere ein allgemeines Viereck mit
a = 4,2 cm,
b = 4,3 cm,
c = 5,2 cm,
d = 3,8 cm,
e = 6,3 cm.

Planfigur:

erledigt **kontrolliert**

Fr

Zuordnungen

Berechne.

A Ein Tanker kann durch 5 Pumpen in 3 h 42 min geleert werden. In welcher Zeit können 6 Pumpen die gesamte Ladung löschen?

B Zum Abernten eines Getreidefeldes brauchen 3 Mähdrescher 6 Stunden. Es können jedoch nur 2 Mähdrescher eingesetzt werden. Nach wie vielen Stunden ist das Feld abgeerntet?

C Physiklehrer Albert Twostone weiß, dass 500 m³ Luft ungefähr 650 kg wiegen. Sein Physikraum hat ein Volumen von 220 m³. Was groß ist das Gewicht, dass auf seinen Schülern während des Unterrichts lastet?

erledigt **kontrolliert**

KOHL VERLAG Wochenplan Mathematik / 7. Schuljahr - Bestell-Nr. 11 597

Mo

erledigt ☐ kontrolliert ☐

Balkendiagramm

Runde die Einwohnerzahlen der Städte auf Zehntausend. Erstelle zu diesen Daten ein Balkendiagramm.

Stuttgart	562 700	≈		Stuttgart
Potsdam	142 900	≈		Potsdam
Bremen	535 100	≈		Bremen
Magdeburg	290 600	≈		Magdeburg
Erfurt	220 000	≈		Erfurt
Schwerin	130 700	≈		Schwerin
Hamburg	1 603 100	≈		Hamburg
Düsseldorf	569 600	≈		Düsseldorf
Kiel	250 600	≈		Kiel

100 000   500 000   1 000 000

Di

erledigt ☐ kontrolliert ☐

Multplikation natürlicher Zahlen

Rechne die sieben Aufgaben und trage dein Ergebnis ein. Wenn du dann die Ziffern in den grauen Kästchen durch die entsprechenden Buchstaben ersetzt, erhältst du ein Lösungswort.

A 1 = B, 2 = E 3 = J, 4 = K, 5 = O, 6 = U, 7 = X

519 • 413
603 • 875
719 • 333
517 • 807
388 • 472
386 • 543
307 • 514

B 1 = E, 2 = G 3 = K, 4 = L, 5 = O, 6 = S, 7 = U

317 • 411
298 • 609
215 • 543
625 • 247
479 • 258
312 • 409
397 • 411

Mi

erledigt ☐ kontrolliert ☐

Mittelwertberechnung

A Die Schüler und Schülerinnen der Klasse 7 wurden befragt, wie viel Zeit sie täglich für ihre Hausaufgaben benötigten.

Zeit	$\frac{1}{2}$h	1 h	$1\frac{1}{2}$h	2 h	$2\frac{1}{2}$h
Anzahl	2	5	11	8	4

Berechne den durchschnittlichen Zeitaufwand in min.

B In einer Klinik wurden im Laufe einer Woche 9 Kinder geboren. Sie hatten folgende Körpergrößen und -gewichte:
Körpergröße in cm:
50, 49, 52, 51, 48, 47, 50, 53, 50
Gewicht in g:
3250, 3400, 2950, 3050, 2880, 3120, 3360, 3100, 3195
Berechne die durchschnittliche Körpergröße in cm und das durchschnittliche Gewicht in g.

Do

erledigt ☐ kontrolliert ☐

Spiegeln im Gitternetz

Zeichne die Figur mit den Eckpunkten A(1|2), B(5|1), C(7|2), D(6|3), E(7|5), F(1|6), G(3|4) in das Koordinatensystem und spiegele sie an der Achse s.

Fr

erledigt ☐ kontrolliert ☐

Viereckskonstruktion

Konstruiere das Viereck ABCD mit d = 3,9 cm, e = 7,2 cm, f = 5,5 cm, δ = 118° und α = 73°.

Planfigur:

40

KOHL VERLAG Wochenplan Mathematik / 7. Schuljahr - Bestell-Nr 11 597

Mo

erledigt   kontrolliert

Kreisdiagramm

150 Schüler gaben ihre Hobbys an. Bestimme die prozentualen Anteile. Ermittle die zugehörigen Winkel und zeichne ein Kreisdiagramm.

Sport/Reiten: 20 [ ] % [ ]°

Computer: 75 [ ] % [ ]°

Handarbeiten/Basteln: 15 [ ] % [ ]°

Musik: 35 [ ] % [ ]°

Schach: 5 [ ] % [ ]°

Di

erledigt   kontrolliert

Mittelwertberechnung

A Der Klempnermeister G. Awaschei schneidet Kupferrohre fast gleicher Länge.
97,1 cm, 96,9 cm, 97,6 cm, 98,0 cm, 97,5 cm, 97,3 cm, 97,2 cm, 97,4 cm und 97,6 cm.
Berechne den Mittelwert, das Minimum und Maximum und die Spannweite.

Mittelwert: Minimum:

Spannweite: Maximum:

B Bäckermeister Eusebius Stutenkerl überprüft regelmäßig seine Brötchen auf Gewicht. Wenn der Mittelwert unter 50 g liegt, bekommt sein Geselle Karlchen Weckmann ganz gehörig einen über die Rübe.
An einem Morgen hat er sich die Mühe gemacht und 20 Brötchen gewogen: 52 g, 48 g, 45 g, 53 g, 51 g, 49 g, 51 g, 54 g, 47 g, 51 g, 49 g, 50 g, 52 g, 53 g, 52 g, 55 g, 49 g, 53 g, 49 g, 55 g. Hat Karlchen eine Strafe zu befürchten?   Mittelwert:

Mi

erledigt   kontrolliert

Viereckskonstruktion

Bestimme durch eine maßstabsgerechte Zeichnung die Länge der Strecke $\overline{PQ}$, die wegen eines Sees nicht gemessen werden kann.

Planfigur:

$\overline{PQ}$ =

Do

erledigt   kontrolliert

Sachaufgaben: Zinsrechnung

Berechne.

A Barnie Gerölleimer leiht sich für den Kauf eines LkW 52 000 €. Dafür muss er nach einem Jahr 6240 € Zinsen an die Bank zahlen.
Wie hoch ist der Zinssatz?

p =

B Herr Hausbuild braucht zur Finanzierung seines Einfamilienhauses ein Darlehen. Für die Zinsen einschließlich Tilgung kann er jährlich 12 150 € aufbringen. Wie viel Geld kann ihm die Bank geben, wenn der Zinssatz einschließlich Tilgung bei 6,75 % liegt?

K =

C Frau Save-Emsig hat sich mit 352 000 € an einem Unternehmen beteiligt. Nach einem Jahr erhält sie 29 920 €, weil das Unternehmen gute Gewinne gemacht hat. Welchen Zinssatz müsste sie bei einer Bank erhalten, um diesen Betrag zu erzielen?

p =

Fr

erledigt   kontrolliert

Knobeln mit Sudokus

Bei einem Sudoku kommen die Ziffern 1 bis 9 in jeder Spalte, jeder Zeile und in jedem Block nur einmal vor.

A mittel

	3	9	7		1	5	4	
8				5				6
5		7		6		9		1
2			4		8			9
	9	8	2	1	5	7	6	
7			9		6			2
1		5		8		3		4
9				4				7
	4	6	1		7	8	2	

B schwer

	4		8		1		6	
1	7			6			8	2
8		6				4		1
2			4					8
	5		6	1	8		2	
6				5				3
4		1				3		9
7	3			9			4	6
	6		3		4		1	

KOHL VERLAG   Wochenplan Mathematik / 7. Schuljahr   -   Bestell-Nr. 11 597

Mo

erledigt kontrolliert

Multiplikation und Subtraktion rationaler Zahlen

A Berechne die sechs Aufgaben. In jedem Ergebnis taucht einmal die 6 auf. Wenn du jetzt den entsprechenden Buchstaben aus der oberen Leiste nimmst, ergibt sich ein Lösungswort.

| T | U | R | A | L | I |

5,52 • 33,7

8,7 • 28,88

482 • 1270

3,14 • 51,3

1,25 • 11,41

9,54 • 15,3

B Berechne die sechs Aufgaben. In jedem Ergebnis taucht einmal die 5 auf. Wenn du jetzt den entsprechenden Buchstaben aus der oberen Leiste nimmst, ergibt sich ein Lösungswort.

| T | I | M | E | N | U |

822,076 – 686,434

362,155 – 111,019

519,329 – 86,578

677,206 – 198,971

810,312 – 282,166

1213,746 – 221,215

Di

erledigt kontrolliert

Aus der Geometrie
Trage deine Antworten in die grauen Felder ein.

A Wie heißt ein Viereck, bei dem alle vier Seiten gleich lang sind?

B Wo liegt der Mittelpunkt des Inkreises?

C Wie groß ist die Winkelsumme im Viereck?

D Wie heißt ein Viereck, bei dem es genau eine Symmetrieachse gibt?

E Wie heißt ein Viereck, bei dem die Diagonalen Symmetrieachsen sind?

Mi

erledigt kontrolliert

Kreisdiagramm
Von 300 befragten Haushalten heizten 99 mit Öl, 81 mit Gas, 63 mit Pellets, 24 mit Strom und der Rest der Haushalte bezog Fernwärme.
Errechne anhand der Daten jeweils den prozentualen Anteil und den dazugehörigen Winkel.
Erstelle dann das Kreisdiagramm.

Öl	%	°
Gas	%	°
Pellets	%	°
Strom	%	°
Fernwärme	%	°

Do

erledigt kontrolliert

Viereckskonstruktion
Bestimme durch eine maßstabsgerechte Zeichnung die Entfernung von P nach Q, die wegen des dort hausenden Ungeheuers Tyrannosaurus Mathematikus Rex nicht zu vermessen ist.

5,7 km   45°   12,6 km   Q

8,3 km   104°   P

Entfernung von P nach Q:

Fr

erledigt kontrolliert

Zeichnen eines Streifendiagramms
In der Klasse 7a ergab die Umfrage nach der Lieblingssportart folgende Ergebnisse: 18 % Tennis, 22 % Fußball, 35 % Basketball und 25 % Schwimmen. Erstelle zu diesen Werten ein Streifendiagramm.

Tennis   Fußball   Basketball   Schwimmen

KOH   Wochenplan Mathematik / 7. Schuljahr   Bestell-Nr. 11 507

Mo

Multiplikation von Dezimalbrüchen (Wiederholung)
Berechne.

A

2	,	9	5	4	•	6	,	9	6
		1	7	7	2	4			
		2	6	5	8	6			
			1	7	7	2	4		
	2	0	,	5	5	9	8	4	

B

6	5	1	,	9	•	8	7	4
	5	2	1	5	2			
	4	5	6	3	3			
	2	6	0	7	6			
	5	6	9	7	6	0	,	6

C

5	,	4	8	6	•	2	1	7
	1	0	9	7	2			
		5	4	8	6			
		3	8	4	0	2		
	1	1	9	0	,	4	6	2

Di

Addition von Dezimalbrüchen (Wiederholung)
Berechne.

A

	4	5	1	,	0	4	8
+	5	5	6	,	9	0	5
+		7	2	,	6	8	1
+	5	6	0	,	1	6	6
1	6	4	0	,	8	0	0

B

	5	8	4	,	8	1	4
+	3	7	2	,	9	0	6
+	4	7	1	,	7	7	2
+	2	8	3	,	3	0	3
1	7	1	2	,	7	9	5

C

	7	1	9	,	5	7	7
+	5	7	2	,	2	0	7
+	5	4	6	,	0	3	4
+	5	6	0	,	8	9	6
2	3	9	8	,	7	1	4

D

	1	8	2	,	5	2	7
+	1	0	2	,	8	6	1
+	5	2	7	,	7	1	3
+	7	3	4	,	3	0	6
1	5	4	7	,	4	0	7

Mi

Subtraktion von Dezimalbrüchen (Wiederholung)
Berechne.

A

	6	4	5	,	6	3	0
−		5	1	,	0	5	3
−		7	1	,	1	7	2
−		8	7	,	3	9	1
	4	3	6	,	0	1	4

B

	4	9	7	,	9	7	8
−		5	3	,	1	8	4
−		8	2	,	7	4	6
−		6	1	,	7	5	6
	3	0	0	,	2	9	2

C

	3	7	8	,	9	4	3
−		3	9	,	8	8	5
−		9	1	,	3	7	6
−		7	6	,	5	1	3
	1	7	1	,	1	6	9

D

	3	2	3	,	3	8	4
−		6	4	,	1	9	1
−		3	5	,	9	6	0
−		8	5	,	8	6	1
	1	3	7	,	3	7	2

Do

Zahlenmauern

A Ergänze die Zahlenmauer, indem du jeweils zwei nebeneinanderstehende Dezimalbrüche addierst und dein Ergebnis in das Kästchen darüber einträgst.

| 65,3 |
30,6	34,7
12,8	17,8	16,9
4,7	8,1	9,7	7,2
2,1	2,6	5,5	4,2	3,0
1,2	0,9	1,7	3,8	0,4	2,6

B Ergänze die Zahlenmauer, indem du jeweils zwei nebeneinanderstehende Dezimalbrüche voneinander subtrahierst und dein Ergebnis in das Kästchen darunter einträgst.

192,7	102,4	54,2	27,8	12,6	3,9
90,3	48,2	26,4	15,2	8,7
42,1	21,8	11,2	6,5
20,3	10,6	4,7
9,7	5,9
3,8

Fr

Prozentrechnung (Wiederholung)

A Wie viel Prozent der Fläche wurde gekennzeichnet?

80 %   40 %   15 %   20 %

B Gib die Anteile in Prozent an.

60 Cent von 3 € sind   20   %   48 min von 2 h sind   40   %

5 km von 10 km sind   50   %   160 € von 400 € sind   40   %

200 g von 1 kg sind   20   %   500 m² von 2000 m² sind   25   %

| Wochenplan ____ | Name: _____ | Klasse: ____ | Abgabe am: _____ |

Mo — erledigt / kontrolliert

Brüche und Prozentschreibweise (Wiederholung)

A Schreibe als Bruch und kürze dann so weit wie möglich.

$16\% \quad \dfrac{4}{25}$ $25\% \quad \dfrac{1}{4}$ $30\% \quad \dfrac{3}{10}$ $40\% \quad \dfrac{2}{5}$ $50\% \quad \dfrac{1}{2}$ $75\% \quad \dfrac{3}{4}$

B Setze >, < oder = ein.

$60\% \;>\; \dfrac{2}{5}$ $15\% \;=\; \dfrac{3}{20}$ $70\% \;<\; \dfrac{18}{25}$ $20\% \;<\; \dfrac{1}{4}$

Di — erledigt / kontrolliert

Addition und Subtraktion ungleichnamiger Brüche (Wiederholung)
Fülle die Tabellen aus.

A

1. Summand	$10\frac{1}{5}$	$7\frac{1}{2}$	$4\frac{3}{8}$	$9\frac{3}{10}$
2. Summand	$12\frac{5}{8}$	$2\frac{5}{7}$	$9\frac{2}{3}$	$7\frac{5}{8}$
Summe	$22\frac{33}{40}$	$10\frac{3}{14}$	$14\frac{1}{24}$	$16\frac{37}{40}$

B

Minuend	$12\frac{1}{2}$	$10\frac{1}{9}$	$15\frac{2}{9}$	$6\frac{1}{3}$
Subtrahend	$8\frac{4}{5}$	$7\frac{1}{2}$	$7\frac{5}{6}$	$4\frac{5}{7}$
Differenz	$3\frac{7}{10}$	$2\frac{11}{18}$	$7\frac{7}{18}$	$1\frac{13}{21}$

Mi — erledigt / kontrolliert

Multiplikation von Brüchen (Wiederholung)
Berechne die Produkte. Kürze, wenn möglich.

A $\dfrac{4}{5} \cdot \dfrac{1}{8} \quad \dfrac{1}{10}$

$\dfrac{1}{18} \cdot \dfrac{3}{10} \quad \dfrac{1}{12}$

B $\dfrac{3}{8} \cdot \dfrac{4}{7} \quad \dfrac{3}{14}$

$\dfrac{1}{6} \cdot \dfrac{3}{5} \quad \dfrac{1}{10}$

C $\dfrac{7}{8} \cdot \dfrac{4}{5} \quad \dfrac{7}{10}$

$\dfrac{5}{12} \cdot \dfrac{3}{10} \quad \dfrac{1}{8}$

D $\dfrac{2}{3} \cdot \dfrac{5}{7} \quad \dfrac{10}{21}$

$\dfrac{5}{6} \cdot \dfrac{8}{9} \quad \dfrac{20}{27}$

E $\dfrac{4}{5} \cdot \dfrac{1}{3} \cdot \dfrac{5}{6} \quad \dfrac{2}{9}$

$\dfrac{3}{4} \cdot \dfrac{7}{10} \cdot \dfrac{5}{6} \quad \dfrac{7}{16}$

Do — erledigt / kontrolliert

Division von Dezimalbrüchen (Wiederholung)
Berechne im Kopf.

A
4,85 : 5	0,97
3,36 : 12	0,28
20,8 : 8	2,6
4,13 : 7	0,59

B
2,226 : 3	0,742
5,4 : 9	0,6
8,4 : 7	1,2
3,58 : 2	1,79

C
8,4 : 14	0,6
9,1 : 13	0,7
89,36 : 4	22,34
103,78 : 2	51,89

Fr — erledigt / kontrolliert

Zerlegung in Primfaktoren (Wiederholung)

Wenn du die Zerlegung in Primfaktoren überprüfst, wirst du feststellen, dass einige Ergebnisse richtig, andere falsch sind. Kreuze den entsprechenden Buchstaben an. Du erhältst bei richtiger Lösung ein englisches Sprichwort.

Platz für Nebenrechnungen:

	richtig	falsch
$2112 = 2 \cdot 2 \cdot 2 \cdot 2 \cdot 2 \cdot 2 \cdot 3 \cdot 11$		F
	I	
$728 = 2 \cdot 2 \cdot 2 \cdot 7 \cdot 13$		G
	H	
$770 = 2 \cdot 5 \cdot 7 \cdot 11$		T
$567 = 3 \cdot 3 \cdot 3 \cdot 3 \cdot 7$		F
	I	
$2750 = 2 \cdot 5 \cdot 5 \cdot 5 \cdot 11$		R
	E	
	W	
	I	
$320 = 2 \cdot 2 \cdot 2 \cdot 2 \cdot 2 \cdot 2 \cdot 5$		T
$768 = 2 \cdot 2 \cdot 2 \cdot 2 \cdot 2 \cdot 2 \cdot 2 \cdot 2 \cdot 3$		H
	F	
$640 = 2 \cdot 2 \cdot 2 \cdot 2 \cdot 2 \cdot 2 \cdot 2 \cdot 5$		I
$4900 = 2 \cdot 2 \cdot 5 \cdot 5 \cdot 7 \cdot 7$		R
	E	

FIGHT FIRE WITH FIRE

Mo

erledigt kontrolliert

Periodische Dezimalbrüche (Wiederholung)
Schreibe als periodischen Dezimalbruch.

A $\dfrac{2}{3}$ $0,\overline{6}$

$\dfrac{7}{9}$ $0,\overline{7}$

B $\dfrac{1}{6}$ $0,1\overline{6}$

$\dfrac{4}{7}$ $0,\overline{571428}$

C $\dfrac{2}{13}$ $0,\overline{153846}$

$\dfrac{1}{9}$ $0,\overline{1}$

D $\dfrac{5}{6}$ $0,8\overline{3}$

$\dfrac{7}{12}$ $0,58\overline{3}$

Di

erledigt kontrolliert

Multiplikation gemischter Zahlen (Wiederholung)
Berechne die Produkte. Wandle die gemischten Zahlen in unechte Brüche um. Kürze, wenn möglich.

A
$$2\tfrac{2}{3} \cdot 1\tfrac{5}{6} = \tfrac{8}{3} \cdot \tfrac{11}{6} = \tfrac{44}{9} = 4\tfrac{8}{9}$$
$$5\tfrac{1}{2} \cdot 1\tfrac{3}{4} = \tfrac{11}{2} \cdot \tfrac{7}{4} = \tfrac{77}{8} = 9\tfrac{5}{8}$$

B
$$8\tfrac{5}{8} \cdot 1\tfrac{5}{6} = \tfrac{69}{8} \cdot \tfrac{11}{6} = \tfrac{253}{16} = 15\tfrac{13}{16}$$
$$2\tfrac{3}{7} \cdot 4\tfrac{9}{10} = \tfrac{17}{7} \cdot \tfrac{49}{10} = \tfrac{119}{10} = 11\tfrac{9}{10}$$

Mi

erledigt kontrolliert

Winkelarten (Wiederholung)
Um welche Winkelart handelt es sich?

α_1 stumpfer Winkel

α_2 spitzer Winkel

α_3 überstumpfer Winkel

α_4 gestreckter Winkel

α_5 voller Winkel

α_6 überstumpfer Winkel

α_7 rechter Winkel

α_8 spitzer Winkel

α_9 stumpfer Winkel

α_{10} stumpfer Winkel

Do

erledigt kontrolliert

Brüche am Zahlenstrahl (Wiederholung)
Kennzeichne die Brüche am Zahlenstrahl durch einen Pfeil und den entsprechenden Buchstaben.

a) $\dfrac{1}{2}$ b) $1\dfrac{2}{3}$ c) $\dfrac{3}{4}$ d) $\dfrac{3}{12}$ e) $1\dfrac{5}{6}$ f) $1\dfrac{1}{4}$ g) $1\dfrac{5}{12}$ h) $2\dfrac{1}{6}$

d)   a)   c)   f)   g)   b)   e)   h)

0   1   2

Fr

erledigt kontrolliert

Winkel messen mit dem Geodreieck (Wiederholung)
Miss mit dem Geodreieck die Größe der Winkel. Verlängere, wenn nötig, die Schenkel der Winkel.

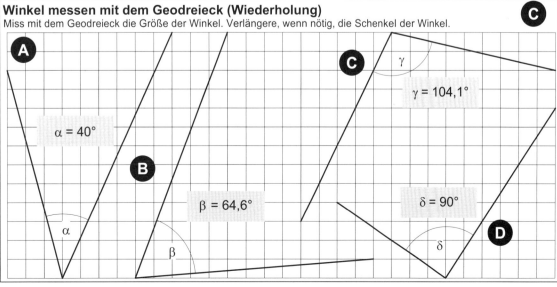

A $\alpha = 40°$ **B** $\beta = 64,6°$ α β

C γ $\gamma = 104,1°$ $\delta = 90°$ **D** δ

Mo

Brüche am Zahlenstrahl (Wiederholung)

Welche Bruchzahlen sind dargestellt? Trage entsprechend in die grauen Felder ein. Der Bruch sollte so weit wie möglich gekürzt sein.

$\frac{1}{6}$ $\frac{1}{4}$ $\frac{3}{8}$ $\frac{1}{2}$ $\frac{7}{12}$ $\frac{2}{3}$ $\frac{7}{8}$ $1\frac{1}{12}$

erledigt kontrolliert

Di

Bruchrechnung gemischt (Wiederholung)
Berechne.

A

$8\frac{1}{2} + (6\frac{1}{3} - 5\frac{3}{4}) = 9\frac{1}{12}$

$(1\frac{5}{6} + 7\frac{1}{2}) - 2\frac{2}{3} = 6\frac{2}{3}$

$(7\frac{3}{4} - 3\frac{1}{2}) + 4\frac{1}{6} = 8\frac{5}{12}$

$23\frac{3}{4} - (8\frac{1}{2} + 7\frac{1}{3}) = 7\frac{11}{12}$

B

$4\frac{1}{3} + 2\frac{3}{4} + 1\frac{1}{2} + 3\frac{5}{6} = 12\frac{5}{12}$

$3\frac{7}{20} + 2\frac{2}{5} + 4\frac{3}{4} + 1\frac{9}{10} = 12\frac{2}{5}$

$2\frac{5}{8} - 1\frac{2}{3} + 3\frac{1}{2} - 1\frac{3}{4} = 2\frac{17}{24}$

$11\frac{1}{4} - 6\frac{1}{2} + 3\frac{2}{3} - 1\frac{7}{12} = 6\frac{5}{6}$

C

$9\frac{1}{2} - (1\frac{1}{4} + 3\frac{2}{3}) = 4\frac{7}{12}$

$8\frac{5}{6} - (5\frac{3}{4} - 2\frac{1}{2}) = 5\frac{7}{12}$

$7\frac{3}{8} - (1\frac{3}{4} + 3\frac{1}{2}) = 2\frac{1}{8}$

$19\frac{3}{4} - (7\frac{3}{5} + 6\frac{1}{4}) = 5\frac{9}{10}$

erledigt kontrolliert

Mi

Prozentrechnung (Wiederholung)
Berechne.

A
25 % von 70 €	17,50 €
15 % von 80 kg	12 kg
$16\frac{2}{3}$ % von 48 m²	8 m²

B
60 % von 140 €	84 €
$33\frac{1}{3}$ % von 75 t	25 t
37,5 % von 180 €	67,50 €

C
20 % von 115 h	23 h
50 % von 57 m³	28,5 m³
$33\frac{1}{3}$ % von 87 €	29 €

erledigt kontrolliert

Do

Vervielfachen von Dezimalbrüchen (Wiederholung)
Multipliziere die Dezimalbrüche mit der angegebenen Stufenzahl.

A
$6,7 \cdot 10 =$	67
$0,09 \cdot 100 =$	9
$1000 \cdot 0,74 =$	740

B
$100 \cdot 6,3 =$	630
$0,007 \cdot 100 =$	0,7
$0,032 \cdot 1000 =$	32

C
$1000 \cdot 0,014 =$	14
$0,789 \cdot 10000 =$	7890
$1000000 \cdot 0,02 =$	20000

erledigt kontrolliert

Fr

Teilbarkeit von Zahlen (Wiederholung)

Wenn du die Aussagen überprüfst, wirst du feststellen, dass einige richtig, andere falsch sind. Kreise den entsprechenden Buchstaben ein. Du erhältst bei richtiger Lösung ein englisches Sprichwort.

Platz für Nebenrechnungen:

THE MORE THE MERRIER

	richtig	falsch
	T	
17 und 68 sind nicht teilerfremd, gemeinsame Teiler sind 1 und 17.		H
kgV(8,14) = 56		E
	M	
	O	
ggT(18,66) = 6		R
	E	
278126 ist nicht durch 9 teilbar. Quersumme 26		T
	H	
	E	
ggT(15,30) = 15		M
kgV(12,45) = 180		E
	R	
	R	
	I	
ggT(72,126) = 18		E
Alle Zahlen, die durch 9 teilbar sind, können auch durch 3 geteilt werden.		R

erledigt kontrolliert

| Wochenplan ____ | Name: _____ | Klasse: ____ | Abgabe am: _____ |

Mo

Multiplikation und Division von Dezimalbrüchen (Wiederholung)
Trage die fehlenden Zahlen ein.

A

1. Faktor	5,2	3,8	8	19,5
2. Faktor	7	5	4,6	3
Produkt	36,4	19,0	36,8	58,5

B

Dividend	35,4	30,4	27,6	78,3
Divisor	5,9	3,8	6,9	8,7
Quotient	6	8	4	9

Di

Dezimalbrüche am Zahlenstrahl (Wiederholung)
Welche Dezimalbrüche gehörigen an die mit Pfeilen gekennzeichneten Stellen?

A

1,8   1,9   2,0   2,1

1,86   1,92   1,99   2,05

B

2,50 2,51 2,52 2,53 2,54 2,55 2,56

2,506   2,528   2,541   2,557

Mi

Größen und Kommaschreibweise (Wiederholung)

A Schreibe mit Komma in km.

385 m = 0,385 km

6 m = 0,006 km

4900 m = 4,9 km

B Schreibe mit Komma in kg.

72005 g = 72,005 kg

847 g = 0,847 kg

460105 g = 460,105 kg

C Schreibe mit Komma.

$\frac{53}{100}$ m = 0,53 m

$\frac{195}{1000}$ kg = 0,195 kg

$1\frac{79}{1000}$ km = 1,079 km

Do

Texte und mathematische Sprache (Wiederholung)
Wie lautet der passende Rechenausdruck zum Text? Schreibe ihn auf und berechne dann den Wert.

A Addiere zum Produkt der Zahlen 3,7 und 12,3 das Produkt aus 17,5 und 24,8.

$$3,7 \cdot 12,3 + 17,5 \cdot 24,8 = 479,51$$

B Addiere zum Quotienten aus $\frac{7}{8}$ und $\frac{5}{6}$ den Bruch $\frac{2}{3}$.

$$\frac{7}{8} : \frac{5}{6} + \frac{2}{3} = 1\frac{43}{60}$$

C Subtrahiere vom Produkt aus $\frac{2}{3}$ und $\frac{4}{5}$ den Bruch $\frac{1}{12}$.

$$\frac{2}{3} \cdot \frac{4}{5} - \frac{1}{12} = \frac{9}{20}$$

D Dividiere die Summe von $\frac{1}{2}$ und $\frac{2}{3}$ durch das Produkt aus $\frac{3}{8}$ und $\frac{2}{5}$.

$$\left(\frac{1}{2} + \frac{2}{3}\right) : \left(\frac{3}{8} \cdot \frac{2}{5}\right) = 7\frac{7}{9}$$

Fr

Spiegeln im Gitternetz (Wiederholung)
Spiegele den Goldschopfpinguin an der gekennzeichneten Achse.

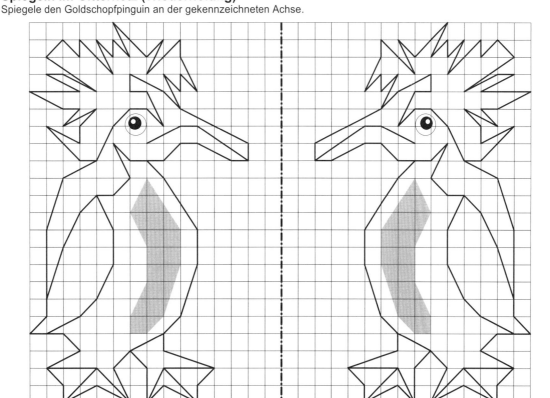

KOHL VERLAG   Wochenplan Mathematik / 7. Schuljahr - Bestell-Nr. 11 597

Mo

Volumen zusammengesetzter Körper (Wiederholung)
Berechne das Volumen der Körper (Maßangaben in cm).

A 8, 3, 6, 6, 4

360 cm³

B 12, 8, 8, 12, 20

1600 cm³

C 2, 5, 2, 3, 8, 8

328 cm³

D 13, 9, 7, 14, 7, 16

2660 cm³

erledigt kontrolliert

Di

Relative Häufigkeit (Wiederholung)
Kai und Mareike haben gewürfelt und dabei die folgende Strichliste erstellt. Bestimme die relativen Häufigkeiten.

⚀	⚁	⚂	⚃	⚄	⚅
卌 卌 I	卌 卌 卌	卌 卌 II	卌 卌 卌 II	卌 卌 卌 I	卌 IIII
0,1375	0,1875	0,15	0,2125	0,2	0,1125

erledigt kontrolliert

Mi

Der Mittelwert (Wiederholung)
Wie sind die einzelnen Klassenarbeiten im Durchschnitt ausgefallen? Runde auf zwei Nachkommastellen.

A Mathematik

1	2	3	4	5	6
III	卌	卌 卌	卌 III	III	III

Mittelwert: ≈ 3,32

B Englisch

1	2	3	4	5	6
II	卌	卌 卌 III	卌 II	IIII	II

Mittelwert: ≈ 3,43

C Französisch

1	2	3	4	5	6
I	卌 卌	卌 卌	卌 卌	I	I

Mittelwert: ≈ 3,29

erledigt kontrolliert

Do

Bruch und Dezimalbruch (Wiederholung)
Ordne den Dezimalbrüchen die richtigen Brüche zu. Wenn du die Kennbuchstaben einträgst, erhältst du ein Lösungswort.

0,44 — U
0,5 — E
0,45 — B
0,24 — N
3,75 — A
0,875 — H
0,4625 — B
0,525 — T
0,375 — C
2,6 — T
0,625 — S
0,4 — S
0,75 — A
0,5625 — L
2,25 — S

$\frac{37}{80}$	$\frac{11}{25}$	$\frac{13}{5}$	$\frac{7}{8}$	$\frac{6}{15}$	$\frac{21}{40}$	$\frac{3}{4}$	$\frac{9}{20}$	$\frac{1}{2}$	$\frac{6}{25}$	$\frac{9}{4}$	$\frac{5}{8}$	$\frac{3}{8}$	$\frac{15}{4}$	$\frac{9}{16}$
B	U	C	H	S	T	A	B	E	N	S	A	L	A	T

erledigt kontrolliert

Fr

Parkettierungen (Wiederholung)
Parkettiere mit der vorgegebenen Figur die Fläche so weit wie möglich. Die grauen Flächen bleiben frei.

erledigt kontrolliert

Mo

erledigt kontrolliert

Proportionale Zuordnungen
Stellt der Graph eine proportionale Zuordnung dar? Kreuze an. Die Kennbuchstaben der richtigen Anworten ergeben ein Lösungswort.

Lösungswort:

A

X ja (I)

B

X nein (N)

C

X nein (S)

D

X ja (E)

E

X nein (L)

A	I
B	N
C	S
D	E
E	L

Di

erledigt kontrolliert

Brüche und Prozentangaben
Erweitere oder kürze, bis du einen Hundertstelbruch erhältst und schreibe dann mit Prozent.

A

$\frac{48}{600}$ $\frac{8}{100}$ 8 %

$\frac{3}{5}$ $\frac{60}{100}$ 60 %

B

$\frac{45}{180}$ $\frac{25}{100}$ 25 %

$\frac{7}{10}$ $\frac{70}{100}$ 70 %

C

$\frac{160}{1000}$ $\frac{16}{100}$ 16 %

$\frac{6}{25}$ $\frac{24}{100}$ 24 %

D

$\frac{65}{250}$ $\frac{26}{100}$ 26 %

$\frac{17}{50}$ $\frac{34}{100}$ 34 %

Mi

erledigt kontrolliert

Rechnen mit Dezimalbrüchen (Wiederholung)
Berechne. Es gilt natürlich die Punkt-vor-Strich-Regel.

A

$33{,}4 + 30{,}1 : 0{,}7 =$ 76,4

$79{,}4 + 32{,}4 : 1{,}2 =$ 106,4

$65{,}9 + 66{,}5 : 3{,}5 =$ 84,9

B

$48{,}5 + 57{,}2 : 2{,}6 =$ 70,5

$57{,}2 + 46{,}8 : 1{,}8 =$ 83,2

$18{,}1 + 131{,}2 : 4{,}1 =$ 50,1

C

$25{,}7 + 22{,}5 : 0{,}9 =$ 50,7

$41{,}9 + 50{,}7 : 1{,}3 =$ 80,9

$87{,}9 + 67{,}2 : 2{,}4 =$ 115,9

Do

erledigt kontrolliert

Flächeninhalt Quadrat und Rechteck (Wiederholung)
Bestimme den Flächeninhalt der einzelnen Quadrate und Rechtecke. Die Kennbuchstaben der richtigen Lösungen liefern dir das Lösungswort.

A 3,2 m 7 m 22,4 m² (C)

B 6 cm 36 cm² (H)

C 35 mm 9 cm 3150 mm² (R)

D 23 mm 529 mm² (O)

E 6,4 km 1,7 km 10,88 km² (M)

A	B	C	D	E
C	H	R	O	M

Lösungswort:

Fr

erledigt kontrolliert

Drehsymmetrische Figuren (Wiederholung)
Drehe die Figuren um den Punkt Z jeweils um 90°, 180°, 270° weiter. Du kannst dein Bild farbig anlegen.

A Z

B Z

C Z

| Wochenplan ____ | Name: _____ | Klasse: ____ | Abgabe am: _____ |

Mo

Proportionale Zuordnungen

Entscheide, ob die Zuordnungen proportional sind. Die Kennbuchstaben der richtigen Anworten ergeben ein Wort.

A

Anzahl	g
8	24
1	3
10	30

S proportional

B

Gewicht	Preis
500 g	1,80 €
1,5 kg	5,20 €
100 g	0,48 €

E nicht proportional

C

Volumen	Preis
36 l	54 €
10 l	12 €
50 l	72 €

I nicht proportional

D

Zeit	Strecke
10 min	14 km
5 min	7 km
30 min	42 km

F proportional

E

Alter	Gewicht
5 Jahre	30 kg
10 Jahre	50 kg
20 Jahre	69 kg

E nicht proportional

A	B	C	D	E

Lösungswort: **S** **E** **I** **F** **E**

Di

Sachaufgaben: Dezimalbrüche (Wiederholung)

A Gärtner Greenthumb verpackt 476 kg Tulpenzwiebeln in kleine Pakete zu je 0,875 kg. Wie viele Pakete erhält er?   544

B Der Allroundworker W. Gawaschei berechnet für die Instandsetzung einer Heizung 2,5 Arbeitsstunden zu je 63,20 €, 3,80 € Materialkosten und Anfahrtskosten von 45 €. Wie hoch ist die Rechnung?   206,80 €

C Franzl Backenhauer weiß, daß das Fußballspiel in England erfunden wurde. Daher sind die Maße z. B. eines Tores in Fuß angegeben. Ein Fuß misst 0,305 m. Das Fußballtor ist 7,32 m breit. Wie viel Fuß sind es?   24 Fuß

D Ein Liter Luft wiegt 1,29 g. Das Zimmer von Kim ist 3,5 m lang, 4 m breit und 2,8 m hoch. Kim hat ausgerechnet, wie schwer doch die Luft in kg auf ihm lastet und hat das gleich als Entschuldigung für nicht gemachte Hausaufgaben vorgebracht.   50,568 kg

Mi

Statistik (Wiederholung)

A Von den 25000 Haushalten des Städtchen Vobishausen haben 13450 einen Internetanschluss. Berechne die relative Häufigkeit.   0,538

B Alexandra erzielte im Training beim 100-m-Lauf die folgenden Zeiten: 13,6 s, 13,3 s, 14,2 s, 13,7 s und 13,4 s. Wie viele Sekunden hat sie durchschnittlich gebraucht?   13,64 s

Do

Einführung: Ganze Zahlen

A Die Temperatur steigt um 8 °C. Wie viel °C sind es dann?   + 2 °C

B Die Temperatur fällt um 12 °C. Wie viel °C sind es dann?   − 18 °C

C Die Temperatur fällt um 9 °C. Wie viel °C sind es dann?   − 3 °C

Fr

Prozentrechnung

Berechne den Prozentwert.

A

14 % von 12 €	1,68 €
33 % von 7 m	2,31 m
1,6 % von 26 km	0,416 km
78 % von 6,2 km	4,836 km
1,2 % von 36 m	0,432 m
4 % von 75 kg	3 kg
3,5 % von 55 km	1,925 km

B

58 % von 125 €	72,50 €
17,5 % von 40 m	7 m
2,8 % von 18 kg	0,504 kg
36 % von 2,4 t	0,864 t
6 % von 50 kg	3 kg
7,2 % von 75 m	5,4 m
1,8 % von 22 t	0,396 t

C

12 % von 30 €	3,60 €
75 % von 8 dm	6 dm
3,2 % von 3,8 kg	0,1216 kg
18 % von 25 km	4,5 km
24 % von 3600 m	864 m
16 % von 855 m²	136,8 m²
56 % von 1,8 t	1,008 t

erledigt   kontrolliert

Mo

Prozentrechnung
Berechne den Grundwert.

A

26 % von 150 m sind 39 m

30 % von 60 kg sind 18 kg

32 % von 350 € sind 112 €

0,25 % von 600 m² sind 1,5 m²

B

15 % von 700 m sind 105 m

21 % von 304 € sind 63,84 €

82 % von 1400 kg sind 1148 kg

6 % von 840 m² sind 50,4 m²

Platz für Nebenrechnungen:

Di

Zuordnungen
Berechne die fehlenden Größen der proportionalen Zuordnungen.

A

Zeit	Strecke
10 min	14 km
5 min	7 km
35 min	49 km

B

Stück	Preis
12	30 €
4	10,00 €
7	17,50 €

C

Anzahl	Preis
8	30 €
10	37,50 €
15	56,25 €

D

Länge	Preis
3 m	10,50 €
5 m	17,50 €
10 m	35,00 €

E

Masse	Preis
50 g	0,82 €
200 g	3,28 €
750 g	12,30 €

Mi

Prozentrechnung
Berechne den Prozentwert.

A

1 %	3 %	7 %	12 %	25 %
von 200 €				
2 €	6 €	14 €	24 €	50 €

B

2 %	4 %	9 %	15 %	35 %
von 150 kg				
3 kg	6 kg	13,5 kg	22,5 kg	52,5 kg

Do

Einführung: Ganze Zahlen

A

Die Temperatur steigt um 12 °C. Wie viel °C sind es dann?

20 °C
10 °C
0 °C
− 5 °C
− 10 °C
− 20 °C

+ 1 °C

B

Die Temperatur steigt um 5 °C. Wie viel °C sind es dann?

20 °C
10 °C
0 °C
− 5 °C
− 10 °C
− 20 °C

− 3 °C

C

Die Temperatur fällt um 7 °C. Wie viel °C sind es dann?

20 °C
10 °C
0 °C
− 5 °C
− 10 °C
− 20 °C

− 9 °C

Fr

Winkel messen mit dem Geodreieck (Wiederholung)

Schätze die Größe der angegebenen Winkel und miss dann mit dem Geodreieck nach. Wenn die Schenkel der Winkel zu kurz zum Messen sind, dann verlängere sie so, dass du messen kannst. Abweichungen von ± 4° sind erlaubt.

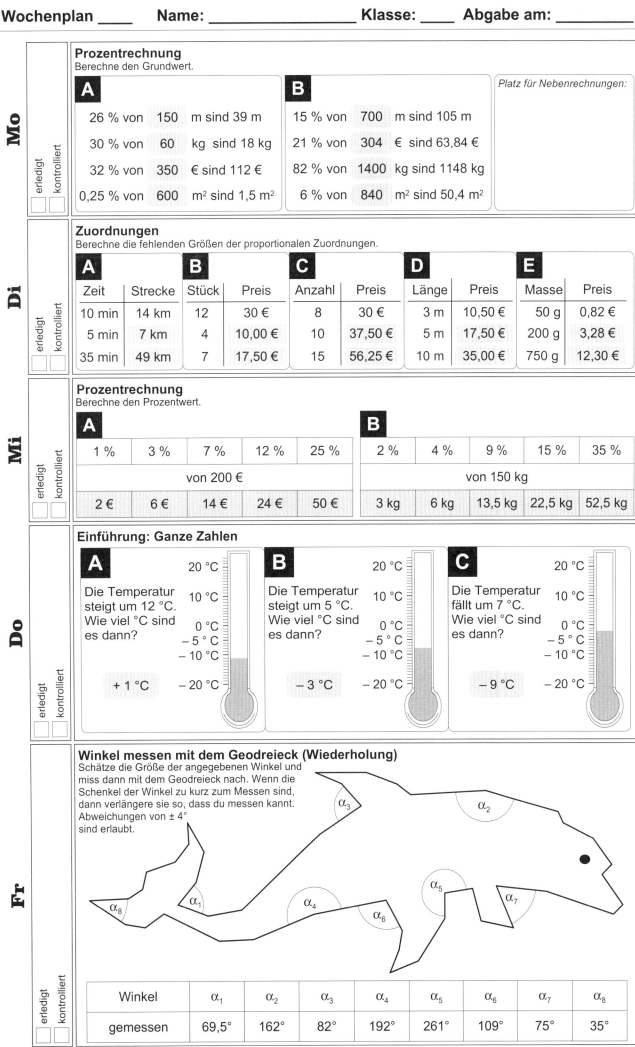

Winkel	α_1	α_2	α_3	α_4	α_5	α_6	α_7	α_8
gemessen	69,5°	162°	82°	192°	261°	109°	75°	35°

KOHL VERLAG   Wochenplan Mathematik / 7. Schuljahr - Bestell-Nr. 11 597

Mo — erledigt / kontrolliert

Prozentrechnung
Berechne den Prozentsatz.

A

40 € von 800 €	5 %
7,5 kg von 25 kg	30 %
75 von 500 Kindern	15 %
72 von 96 Autos	75 %

B

49 € von 50 €	98 %
2 von 50 Schülern	4 %
48 m von 960 m	5 %
39 cm von 260 cm	15 %

C

5 € von 20 €	25 %
270 g von 5 kg	5,4 %
0,7 cm von 17,5 cm	4 %
10 von 200 Schülern	5 %

Di — erledigt / kontrolliert

Promille und ppm (parts per million)

A Schreibe als Promille.

$\frac{5}{1000}$	5 ‰
$\frac{2,9}{1000}$	2,9 ‰
$\frac{12}{10000}$	1,2 ‰

B Schreibe als Promille.

$\frac{7}{1000}$	7 ‰
$\frac{1,5}{1000}$	1,5 ‰
$\frac{25}{10000}$	2,5 ‰

C Schreibe als ppm.

$\frac{11}{1000000}$	11 ppm
$\frac{3}{100000}$	30 ppm
$\frac{16}{10000000}$	1,6 ppm

D Schreibe als ppm.

$\frac{2}{100000}$	20 ppm
$\frac{2,9}{1000000}$	2,9 ppm
$\frac{60}{10000000}$	6 ppm

Mi — erledigt / kontrolliert

Promillerechnung
Vervollständige die Tabelle.

Grundwert (€)	40 000	225 000	220 000	23000	25 000	141 000	90 000
Promillesatz (‰)	1,8	2,5	4	6	1,2	3	5,5
Promillewert (€)	72	562,5	880	138	30	423	495

Do — erledigt / kontrolliert

Prozentrechnung
Berechne den Grundwert.

A 5 % von

120 €	200 €	300 €	500 €	1800 €
		sind		
6 €	10 €	15 €	25 €	90 €

B 75 % von

8 min	20 min	24 min	40 min	48 min
		sind		
6 min	15 min	18 min	30 min	36 min

C 12 % von

50 €	250 €	125 €	500 €	750 €
		sind		
6 €	30 €	15 €	60 €	90 €

D 25 % von

24 min	60 min	72 min	8 min	20 min
		sind		
6 min	15 min	18 min	2 min	5 min

Fr — erledigt / kontrolliert

Zuordnungen und ihre Darstellung.
Der arme Lars hat Fieber und liegt im Krankenhaus, wo täglich um 8.00 Uhr und um 16.00 Uhr seine Temperatur gemessen und in einer Tabelle festgehalten wird. Zeichne das zu dieser Tabelle gehörige Schaubild.

	8.00 Uhr	16.00 Uhr
1. Tag	-	39,6
2. Tag	38,6	39,2
3. Tag	39,0	39,4
4. Tag	39,2	39,8
5. Tag	39,0	39,6
6. Tag	38,4	39,2
7. Tag	38,0	38,6
8.Tag	37,6	38,2

KOHL VERLAG Wochenplan Mathematik / 7. Schuljahr Bestell-Nr. 11 507

Mo

erledigt kontrolliert

Ganze Zahlen am Zahlenstrahl
Lies die ganzen Zahlen von der Zahlengeraden ab und schreibe sie auf.

– 23   – 12   – 6   1   14   21   35

Di

erledigt kontrolliert

Prozentrechnung
Berechne den Prozentsatz.

A	20 m²	50 m²	120 m²	300 m²	420 m²		B	12 min	15 min	45 min	60 min	90 min
	von 800 m²							von 2 h				
	2,5 %	6,25 %	15 %	37,5 %	52,5 %			10 %	12,5 %	37,5 %	50 %	75 %

Mi

erledigt kontrolliert

Kreisdiagramme
Wie groß müssen die Winkel für die eingezeichneten Prozentsätze sein?

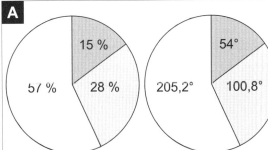
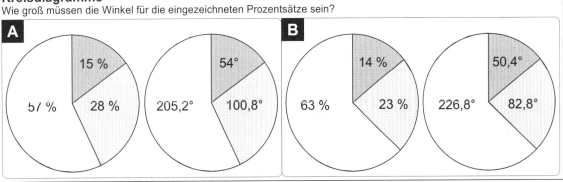

A: 15 % 57 % 28 %   54° 205,2° 100,8°

B: 14 % 63 % 23 %   50,4° 226,8° 82,8°

Do

erledigt kontrolliert

Zinsrechnung
Berechne die Zinsen für ein Jahr.

K *Kapital*	400 €	950 €	5000 €	1000 €	280 €	800 €
p % *Zinssatz*	3 %	2,5 %	7,5 %	$5\frac{1}{4}$ %	9 %	10,5 %
Z *Zinsen*	12 €	23,75 €	375 €	52,50 €	25,20 €	84 €

Fr

erledigt kontrolliert

Zuordnungen und ihre Darstellung
Hier siehst du die durchschnittlichen Monatstemperaturen von Suntown in °F. Übertrage diese Daten in das Diagramm. Rechne dann die Temperaturen in °C um und ergänze die Tabelle.

January	77 °F
February	86 °F
March	95 °F
April	96,8 °F
May	104 °F
June	105,8 °F
July	109,4 °F
August	104,9 °F
September	107,6 °F
October	95 °F
November	77 °F
December	75,2 °F

Wandle in °C um.
Rechenvorschrift:

$$C = \frac{5}{9} \cdot (°F - 32°)$$

Januar	Februar	März	April	Mai	Juni	Juli	August	September	Oktober	November	Dezember
25 °C	30 °C	35 °C	36 °C	40 °C	41 °C	43 °C	40,5 °C	42 °C	35 °C	25 °C	24 °C

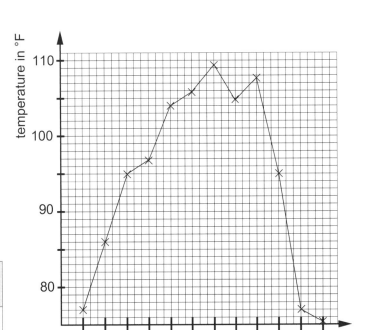

KOHL VERLAG   Wochenplan Mathematik / 7. Schuljahr - Bestell-Nr. 11 597

Mo

Zuordnungen
Berechne die fehlenden Größen der antiproportionalen Zuordnungen.

A

Anzahl Maschinen	Zeit
4	12 h
2	24 h
6	8 h

B Ein Rechteck hat einen Flächeninhalt von 144 m².

Breite in m	Länge in m
6	24
8	18
9	16

C 400 Stühle sollen in Reihen aufgestellt werden.

Anzahl Reihen	Anzahl Stühle pro Reihe
10	40
8	50
20	20

Di

Textaufgaben: Zuordnungen

A Eine Einfahrt wird gepflastert. Bei einer Breite der Steine von 25 cm braucht man 80 in einer Reihe. Wie viele Steine braucht man pro Reihe, wenn die Steine 20 cm breit sind?
100 Steine

B Ein Laserdrucker druckt in 30 Sekunden 12 Blatt aus. Welche Zeit (in min) benötigt er für 300 Blatt?
12,5 min (750 s)

C Eine Brotschneidemaschine kann auf verschiedene Scheibendicken eingestellt werden. Bei einer Dicke von 8 mm erhält man aus einem Schwarzbrot 30 Scheiben. Wie dick werden die Scheiben, wenn man 48 Scheiben geschnitten werden?
5 mm

D Herr Bicyclette braucht mit seinem Mountainbike bei einer Durchschnittsgeschwindigkeit von 25 km pro Stunde 36 Minuten bis zum Nachbarort. Wie lange braucht sein Nachbar Speedy, der mit einer Durchschnittsgeschwindigkeit von 20 Kilometer pro Stunde fährt?
45 min

Mi

Zuordnungen und ihre Darstellung

A 4 kg Mehl kosten 3,20 €. Zeichne den Preisgraphen und lies aus der Zeichnung ab, wie teuer 3 kg bzw. 2 kg Mehl sind.

2 kg 1,60 €
3 kg 2,40 €

B 5 Teile einer Ware kosten 20 €. Zeichne den Preisgraphen und lies aus der Zeichnung ab, wie teuer 2, 3, 4 Teile sind.

2 Teile 8 €
3 Teile 12 €
4 Teile 16 €

Do

Zinsrechnung
Welche Zinsen sind zum Kapital hinzugekommen und wie hoch war der Zinssatz?

Kapital am Jahresanfang	680 €	950 €	510 €	1670 €	2350 €	5120 €	6500 €
Kapital am Jahresende	714 €	1007 €	561 €	2171 €	2538 €	5248 €	6656 €
Zinsen	34 €	57 €	51 €	501 €	188 €	128 €	156 €
Zinssatz	5 %	6 %	10 %	30 %	8 %	2,5 %	2,4 %

Fr

Das Koordinatensystem

A Gib die Koordinaten der Punkte A, B, C, D, E, F und G an.

A(−2|1)
B(−1,5|−1)
C(0|0,5)
D(2|1,5)
E(2,5|0)
F(−1|−0,5)
G(1,5|−1,5)

B Trage die Punkte in das Koordinatensystem ein.

A(1|1)
B(−1|0,5)
C(0|−1)
D(2,5|1,5)

C Gib die Koordinaten der Punkte A, B, C, D, E, F und G an.

A(−1,5|0)
B(−1|−1)
C(0|−1,5)
D(1,5|−0,5)
E(2,5|0,5)
F(1,5|1)
G(0|0,5)

D Trage die Punkte in das Koordinatensystem ein.

A(1|0)
B(−2|1,5)
C(−1|−1,5)
D(2|1)

KOHL VERLAG   Wochenplan Mathematik / 7. Schuljahr   Bestell-Nr. 11.597

Mo

erledigt kontrolliert

Zinsrechnung
Welches Kapital muss man bei der Bank anlegen, um bei dem angegebenen Zinssatz die Zinsen zu bekommen?

Zinssatz	2,5 %	4,5 %	5 %	3 %	6 %	3,75 %
Zinsen am Jahresende	86,25 €	266,40 €	39,75 €	181,08 €	1203 €	32,40 €
Kapital am Jahresanfang	3450 €	5920 €	795 €	6036 €	20050 €	864 €

Di

erledigt kontrolliert

Rationale Zahlen am Zahlenstrahl
Trage die entsprechenden rationalen Zahlen in die grauen Felder ein.

A − 3,6   − 2,8   − 1,9
−4   −3   −2

B − 0,8   − 0,1   0,7
−1   0   1

C − 9,6   − 9,1   −8,3
−10   −9   −8

D −0,225   −0,16   −0,09   −0,025   0,04
−0,2   −0,1   0

E −4,5   −3,1   −1,4   −0,3   0,8
−4   −1   0

Mi

erledigt kontrolliert

Sachaufgaben: Promillerechnung

A Ein Fluss weist in einem 15 km langen Abschnitt einen Höhenunterschied von 18 m auf. Berechne das Fließgefälle in Promille.   1,2 ‰

B Schwarze Johannisbeeren enthalten etwa 1,4 ‰ Vitamin C. Wie viel g Vitamin C sind in 800 g Johannisbeeren enthalten?   1,12 g

C Herr und Frau Housesafe bezahlen pro Jahr 412,50 € für die Versicherung ihres Einfamilienreihenhauses im Wert von 330000 €. Berechne den Promillesatz.   1,25 ‰

D Weizenmehl vom Typ 405 enthält 0,6 ppm Vitamin B1 und 0,3 ppm Vitamin B2. Wie viel Milligramm der Vitamine B1 und B2 sind in 1,5 kg Mehl vom Typ 405 enthalten?   0,9 mg Vitamin B1, 0,45 mg Vitamin B2

Do

erledigt kontrolliert

Addition ganzer Zahlen

A
− 26 + (− 32) = − 58
− 37 + (− 14) = − 51
− 48 + (− 37) = − 85
87 + (− 50) = 37
− 74 + (− 88) = − 162

B
− 84 + (− 67) = − 151
− 48 + (− 26) = − 74
− 74 + (− 48) = − 122
− 23 + (− 54) = − 77
21 + (− 41) = − 20

C
− 94 + (− 47) = − 141
− 62 + (− 20) = − 82
− 47 + (− 54) = − 101
51 + (− 33) = 18
− 76 + (− 46) = − 122

Fr

erledigt kontrolliert

Spiegeln im Koordinatensystem
Verbinde nacheinander die angegebenen Punkte im Koordinatensystem.

A(− 3|4,5) - B(− 3,5|3) -
C(− 2|2,5) - D(− 4|1,5) -
E(− 3,5|0,5) - F(− 1,5|1,5) -
G(− 1|0,5) - H(− 2,5|− 1,5) -
I(− 1|− 2) - J(0,5|0) -
A(− 3|4,5)

Diese Figur sollst du an einer Achse spiegeln. Die Spiegelachse verläuft durch die Punkte S_1(− 2,5|6) und S_2(1,5|− 2).

Gib die Koordinaten der Bildpunkte A*, B*, C*, D*, E*, F*, G*, H*, I* und J* an.

A*(− 1|5,5)   B*(0,5|5)
C*(0|3,5)   D*(2|4,5)
E*(2,5|3,5)   F*(0,5|2,5)
G*(1|1,5)   H*(3,5|1,5)
I*(3|0)   J*(0,5|0)

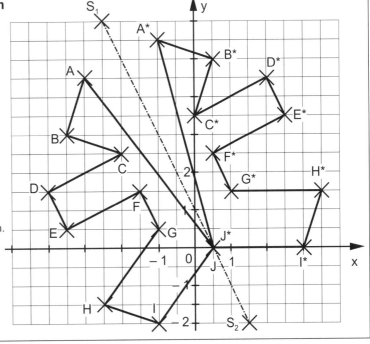

Wochenplan Mathematik / 7. Schuljahr - Bestell-Nr. 11 597

Mo

erledigt ☐ kontrolliert ☐

Zinsrechnung
Berechne die Zinsen für den angegebenen Zeitraum.

Kapital	2400 €	1350 €	75000 €	976 €	1260 €	7720 €	1880 €
Zinssatz	4 %	3 %	4,5 %	6 %	2,5 %	3,5 %	5 %
Zeit	5 Monate	8 Monate	7 Monate	75 Tage	160 Tage	72 Tage	216 Tage
Zinsen	40 €	27 €	1968,75 €	12,20 €	14 €	54,04 €	56,40 €

Di

erledigt ☐ kontrolliert ☐

Addition rationaler Zahlen

A
$5,8 + (-12,6) = -6,8$
$-2,4 + 13,6 = 11,2$
$8,2 + (-9,28) = -1,08$
$9,3 + (-52,5) = -43,2$
$-83,8 + 81,2 = -2,6$

B
$9,8 + (-6,7) = 3,1$
$-4,2 + (-2,6) = -6,8$
$17,4 + (-9,6) = 7,8$
$55,3 + (-58,2) = -2,9$
$-73,2 + (-10,8) = -84$

C
$3,5 + (-2,9) = 0,6$
$-5,5 + (-2,48) = -7,98$
$16,4 + 24,66 = 41,06$
$8,8 + (-4,6) = 4,2$
$-9,5 + (-14,4) = -23,9$

Mi

erledigt ☐ kontrolliert ☐

Sachaufgaben: Zuordnungen

A Ein großes Grundstück wird in 34 gleich große Bauplätze zu je 380 m² aufgeteilt. Die Anzahl der Bauplätze wird auf 40 erhöht. Wie groß ist jetzt jeder Bauplatz?   323 m²

B Aus 24 ausgereiften Apfelsinen erhält man 2 Liter Bollentrinasaft. Wie viele Früchte braucht man, um 60 Liter dieses überaus köstlichen Saftes herzustellen?   720 Früchte

C Bäckermeister Heiner Stutenkerl backt aus einer Teigmenge 40 Brote zu je 750 g. Wie viele Brote zu je 500 g kann er aus dieser Teigmenge herstellen?   60 Brote

D Busunternehmer Harry Vehikel vermietet seinen Bus zu einem Festpreis. Bei 54 Personen zahlt jeder 36 €. Bei einem Ausflug nahmen nur 45 Personen teil. Wie viel zahlte jeder?   43,20 €

E Der Wanderverein „No Harry" legte in fünf Stunden 24 km zurück. Bis zum Ziel sind es weitere 14,4 km. Wie lange müssen sie noch wandern, wenn sie dasselbe Tempo beibehalten?   3 Stunden

Do

erledigt ☐ kontrolliert ☐

Zahlenmauer mit rationalen Zahlen
Addiere zwei nebeneinanderstehende rationale Zahlen und trage das Ergebnis in das darüberliegende Feld ein. Achte auf die Vorzeichen.
Welche Zahl steht an der Spitze der Zahlenmauer?

			–144,7				
		–73,4	–71,3				
	–26,7	–46,7	–24,6				
–7,8	–18,9	–27,8	3,2				
–3,4	–4,4	–14,5	–13,3	16,5			
–5,3	1,9	–6,3	–8,2	–5,1	21,6		
–8,1	2,8	–0,9	–5,4	–2,8	–2,3	23,9	
–15,7	7,6	–4,8	3,9	–9,3	6,5	–8,8	32,7

Fr

erledigt ☐ kontrolliert ☐

Ordnen von rationalen Zahlen

A Setze das richtige Zeichen (<, >) ein.

$-34,5 > -35,4$ $-2,5 < -2,4$ $-14,5 < +12,5$ $-67,5 < -66,9$ $+11,1 > -0,98$

B Ordne die Zahlen der Größe nach. Notiere dein Ergebnis als Kette mit dem < – Zeichen.

$-64,7$ $-76,4$ $+16,2$ $-47,6$ $-23,9$

$-17,1$ $-67,4$ $+0,5$ $-46,7$ $-74,6$

$-76,4 < -74,6 < -67,4 < -64,7 < -47,6 < -46,7 < -23,9 < -17,1 < +0,5 < +16,2$

Wochenplan Mathematik / 7. Schuljahr   -   Bestell-Nr. 11 597

Mo

Subtraktion rationaler Zahlen

A

$-1\frac{1}{2} - (-\frac{3}{4}) = \quad -\frac{3}{4}$

$-1\frac{2}{5} - 2\frac{1}{3} = \quad -3\frac{11}{15}$

$2\frac{2}{3} - (-3\frac{5}{6}) = \quad 6\frac{1}{2}$

$-2\frac{1}{3} - (-\frac{5}{6}) = \quad -1\frac{1}{2}$

B

$-7\frac{2}{5} - (-3\frac{1}{4}) = \quad -4\frac{3}{20}$

$-4\frac{2}{3} - 1\frac{5}{6} = \quad -6\frac{1}{2}$

$3\frac{3}{4} - (-5\frac{1}{2}) = \quad 9\frac{1}{4}$

$-2\frac{4}{5} - (-1\frac{3}{4}) = \quad -1\frac{1}{20}$

C

$-7\frac{5}{8} - (-2\frac{1}{4}) = \quad -5\frac{3}{8}$

$-2\frac{7}{12} - 5\frac{1}{3} = \quad -7\frac{11}{12}$

$6\frac{1}{2} - (-3\frac{4}{9}) = \quad 9\frac{17}{18}$

$-1\frac{7}{10} - (-\frac{4}{5}) = \quad -\frac{9}{10}$

Di

Multiplikation und Division ganzer Zahlen

A

$(+15) \cdot (-20) = \quad -300$

$(-18) \cdot (-15) = \quad 270$

$15 \cdot (-28) = \quad -420$

$-105 : (-7) = \quad 15$

$180 : (-15) = \quad -12$

B

$(+23) \cdot (-40) = \quad -920$

$(-18) \cdot (-25) = \quad 450$

$17 \cdot (-23) = \quad -391$

$600 : (-75) = \quad -8$

$(-156) : (-12) = \quad 13$

C

$(-12) \cdot (+40) = \quad -480$

$(-53) \cdot (-17) = \quad 901$

$75 \cdot (-12) = \quad -900$

$91 : (-7) = \quad -13$

$144 : (-18) = \quad -8$

Mi

Terme und Termvereinfachungen

A Schreibe als Produkt.

$x + x + x + x \quad 4 \cdot x$

$a + a + a + a + a \quad 5 \cdot a$

$z + z + z + z + z + z \quad 6 \cdot z$

$w + w + w \quad 3 \cdot w$

$k + k + k + k + k + k + k \quad 7 \cdot k$

B Addiere.

$5x + 4x \quad 9 \cdot x$

$7e + 3e + e + 5e \quad 16 \cdot e$

$4k + 2k + 1k + 6k \quad 13 \cdot k$

$4a + 3a + 12a \quad 19 \cdot a$

$2u + 3u + u + 7u \quad 13 \cdot u$

C Fasse zusammen.

$5y - 3y + y \quad 3y$

$-2e + 5e - e \quad 2e$

$2k + 4k - 5k \quad k$

$3p + 6p + 11q \quad 9p + 11q$

$-9x + 7y + 5x \quad -4x + 7y$

Do

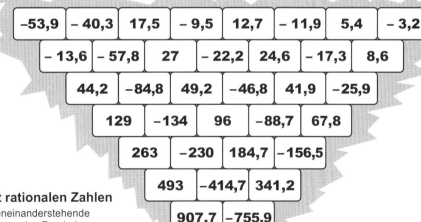

Zahlenmauer mit rationalen Zahlen

Subtrahiere zwei nebeneinanderstehende rationale Zahlen und trage das Ergebnis in das darunterliegende Feld ein. Achte auf die Vorzeichen.
Welche Zahl steht im letzten Feld der Zahlenmauer?

Fr

Bestimmen von Winkeln

A Wie groß ist der Winkel δ im gleichschenkligen Trapez?

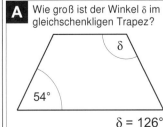

δ = 126°

B Wie groß ist der Winkel δ?

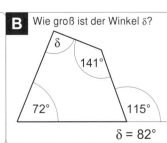

δ = 82°

C Wie groß ist der Winkel α, wenn die Geraden g und h parallel sind?

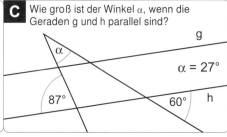

α = 27°

Wochenplan Mathematik / 7. Schuljahr - Bestell-Nr. 11 597

KOHL VERLAG

Wochenplan ____	Name: _____	Klasse: ____	Abgabe am: _____

Mo — Multiplikation rationaler Zahlen

A

$(-\frac{1}{2}) \cdot \frac{2}{3} = -\frac{1}{3}$

$(-\frac{3}{8}) \cdot (-\frac{4}{3}) = \frac{1}{2}$

$\frac{1}{4} \cdot (-\frac{1}{3}) = -\frac{1}{12}$

$(-\frac{3}{4}) \cdot \frac{2}{9} = -\frac{1}{6}$

$(-\frac{5}{6}) \cdot (-\frac{7}{10}) = \frac{7}{12}$

$\frac{1}{3} \cdot (-\frac{2}{7}) = -\frac{2}{21}$

B

$\frac{6}{7} \cdot (-\frac{5}{8}) = -\frac{15}{28}$

$(-\frac{8}{9}) \cdot \frac{1}{4} = -\frac{2}{9}$

$(-\frac{2}{3}) \cdot (-\frac{4}{5}) = \frac{8}{15}$

$\frac{5}{8} \cdot (-\frac{3}{4}) = -\frac{15}{32}$

$(-\frac{4}{5}) \cdot \frac{3}{8} = -\frac{3}{10}$

$(-\frac{7}{12}) \cdot (-\frac{4}{7}) = \frac{1}{3}$

C

$\frac{2}{5} \cdot (-\frac{1}{2}) = -\frac{1}{5}$

$(-\frac{5}{6}) \cdot (-\frac{2}{9}) = \frac{5}{27}$

$(-\frac{3}{5}) \cdot \frac{2}{9} = -\frac{2}{15}$

$(-\frac{7}{10}) \cdot (-\frac{5}{9}) = \frac{7}{18}$

$\frac{2}{7} \cdot (-\frac{4}{5}) = -\frac{8}{35}$

$(-\frac{5}{6}) \cdot \frac{3}{4} = -\frac{5}{8}$

erledigt ☐ kontrolliert ☐

Di — Rechnen mit rationalen Zahlen
Rechne aus. Beachte die Punkt-vor-Strich-Regel.

A

$8 \cdot (-4) + 6 \cdot 7{,}5 - 23 = -10$

$7 \cdot (-19) - 210 : (-7) = -103$

$3 \cdot (-25) - 5 \cdot 19 + 89 = -81$

B

$(-96) : 3 + (-8) \cdot 4 + 48 = -16$

$7 \cdot (-19) + 12 \cdot (-6) + 177 = -28$

$8 \cdot (-27) + 4 \cdot 43 + 163 = 119$

erledigt ☐ kontrolliert ☐

Mi — Termberechnung
Berechne den Term für die angegebenen Zahlen.

A

$19 - 6x$	7	$x = 2$
$(x - 3) \cdot (-2)$	-8	$x = 7$
$13a - 7a + 7b$	47	$a = 2; b = 5$

B

$23 - 5x$	-2	$x = 5$
$(2x - 6) \cdot 4$	16	$x = 5$
$11a - 3b - 7a$	0	$a = 3; b = 4$

erledigt ☐ kontrolliert ☐

Do — Multiplikation von Termen

A Multipliziere.

$3 \cdot 2a$	$6a$
$4 \cdot 5x$	$20x$
$1{,}5 \cdot 2z$	$3z$

B Fasse zusammen.

$2xy \cdot 5a \cdot 4bx$	$40abx^2y$
$6a \cdot 4xy \cdot 3yz$	$72axy^2z$
$4cd \cdot 5ce \cdot 1{,}5de$	$30c^2d^2e^2$

C Vereinfache so weit wie möglich.

$2 \cdot x \cdot 4 \cdot 5y$	$40xy$
$x^2 \cdot 5x \cdot 3x$	$15x^4$
$t^2 \cdot 5s \cdot t \cdot 2s$	$10s^2t^3$

D Multipliziere.

$18p \cdot 6$	$108p$
$9r \cdot 7$	$63r$
$4g \cdot 17$	$68g$

E Fasse zusammen.

$4x \cdot 6yz \cdot 5yb$	$120bxy^2z$
$0{,}5x \cdot 4{,}2xy \cdot 2z$	$4{,}2x^2yz$
$7uv \cdot 7vx \cdot 7uv$	$343u^2v^3x$

F Vereinfache so weit wie möglich.

$1{,}6r \cdot 4uv \cdot 5vw$	$32ruv^2w$
$2y \cdot 1{,}5y \cdot 6$	$18y^2$
$3a^2 \cdot 2b^3 \cdot ab$	$6a^3b^4$

erledigt ☐ kontrolliert ☐

Fr — Umfang und Flächeninhalt von Dreiecken
Berechne jeweils den Umfang und Flächeninhalt der Dreiecke. Entnimm die Maße der Zeichnung.

A
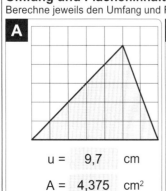

u = 9,7 cm

A = 4,375 cm²

B
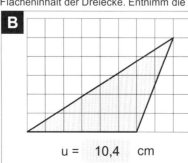

u = 10,4 cm

A = 3,75 cm²

C
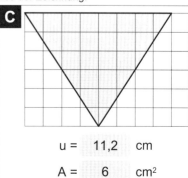

u = 11,2 cm

A = 6 cm²

Mo

erledigt kontrolliert

Rechnen mit rationalen Zahlen
Löse die Klammern auf und berechne.

A
$-8,2 + (-2,6 - 8,1) - (1,6 + 0,8) = -21,3$
$2,3 - (3,1 - 1,2) - (0,3 - 2,4) = 2,5$
$-0,5 - (-7,4 + 8,1) - (2,5 - 7,8) = 4,1$

B
$18,7 - (5,8 - 19,8) + (1,6 - 2,1) = 32,2$
$7,5 - (8,9 + 2,5) - (2,6 - 8,3) = 1,8$
$-6,5 + (-2,7 + 8,1) - (2,7 - 9,1) = 5,3$

Di

erledigt kontrolliert

Termberechnungen
Berechne die Terme für die in der Tabelle angegebenen Werte.

A

x	1	3	-2	0,5	$-1,5$
$5x + 3$	8	18	-7	5,5	$-4,5$
$4(x + 1)$	8	16	-4	6	-2

B

y	1	3	-2	0,5	$-1,5$
$2y - 2$	0	4	-6	-1	-5
$2(y + 1)$	4	8	-2	3	-1

Mi

erledigt kontrolliert

Das Koordinatensystem
Verbinde nacheinander die angegebenen Koordinatenpunkte. Du erhältst ein Bild, das du farbig ausmalen kannst.

$(-2|7) - (-4|7) - (-6|6) - (-8|4) -$
$(-6|3) - (-4|3) - (-3|4) - (-2|6) -$
$(0|8) - (0|7) - (-1|4) - (-1|2) -$
$(0|1) - (0|3) - (3|2) - (5|2) -$
$(8|-4) - (7|-4) - (8|-5) - (8|-6) -$
$(7|-5) - (6|-6) - (6|-5) - (5|-4) -$
$(4|-5) - (4|-7) - (5|-7) - (1|-9) -$
$(0|-9) - (-2|-7) - (-2|-6) -$
$(-1|-5) - (0|-5) - (2|-6) - (2|-4) -$
$(-2|-2) - (-3|0) - (-3|3) - (-1|7) -$
$(-2|8) - (-1|9) - (0|9) - (1|8) - (2|8) -$
$(0|6) - (0|3)$

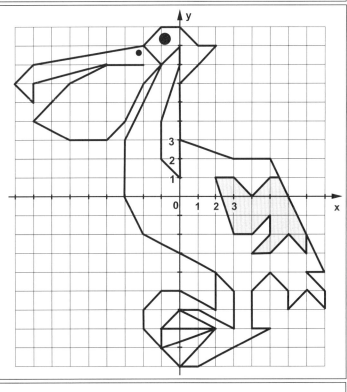

Do

erledigt kontrolliert

Zinsrechnung
Welches Kapital muss man bei der Bank anlegen, um bei dem angegebenen Zinssatz die Zinsen zu bekommen?

Zinssatz	3 %	4,5 %	2,5 %	3 %	6 %	3,75 %
Zinsen am Jahresende	12,30 €	28,35 €	23,75 €	28,80 €	74,70 €	31,50 €
Kapital am Jahresanfang	410 €	630 €	950 €	960 €	1245 €	840 €

Fr

erledigt kontrolliert

Umfang und Flächeninhalt von Dreiecken
Berechne jeweils den Umfang und den Flächeninhalt der Dreiecke. Entnimm die Maße der Zeichnung.

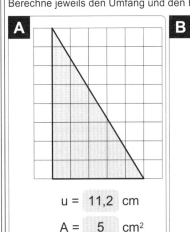

A

$u = 11,2$ cm
$A = 5$ cm²

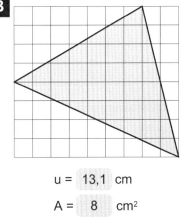

B

$u = 13,1$ cm
$A = 8$ cm²

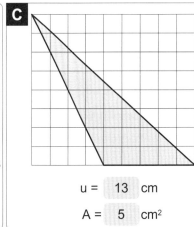

C

$u = 13$ cm
$A = 5$ cm²

KOHL VERLAG   Wochenplan Mathematik / 7. Schuljahr   -   Bestell-Nr. 11 597

Mo — Terme mit Klammern

A Schreibe ohne Klammern.

$(-3a + 5b - 2{,}5) \cdot 8$	$-24a + 40b - 20$
$3g \cdot (2h + 5j - 1)$	$6gh + 15gj - 3g$
$(-2a - 5b - 1{,}5) \cdot 6a$	$-12a^2 - 30ab - 9a$
$(3w - v + 5) \cdot 5a$	$15aw - 5av + 25a$
$3ab \cdot (5ab - 3b)$	$15a^2b^2 - 9ab^2$

B Dividiere.

$(12x - 8y) : 4$	$3x - 2y$
$(30y - 12) : 6$	$5y - 2$
$(2c - 5a) : 0{,}2$	$10c - 25a$
$(6a - 9b) : 1{,}5$	$4a - 6b$
$(4y + 2a) : 2$	$2y + a$

Di — Sachaufgaben gemischt

A Herr Raffnix muss 30 % der Erbschaft seiner Tante in Höhe von 24500 € an das Finanzamt abführen. Wie viel Geld bleibt ihm noch?
17150 €

B Frau Yellow-Press kauft sich jede Woche eine Zeitschrift für 2,00 €. Ein Jahresabo kostet 78 €. Soll sie das Angebot wahrnehmen?
ja, 52 Wochen • 2,00 € = 104 €

C Eine Maschine fertigt in 20 Minuten 1800 Teile an. Wie viele Teile schafft diese Maschine in 65 Minuten?
5850 Teile

Mi — Umfang und Flächeninhalt von Parallelogrammen

Berechne jeweils den Umfang und den Flächeninhalt. Entnimm die Maße der Zeichnung.

A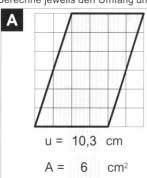
u = 10,3 cm
A = 6 cm²

B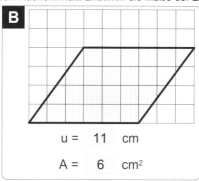
u = 11 cm
A = 6 cm²

C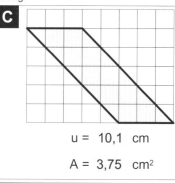
u = 10,1 cm
A = 3,75 cm²

Do — Aufstellen von Termen

Gib einen Term für den Umfang des jeweiligen Rechtecks an und berechne ihn für a = 6,2 m und b = 2,5 m.

A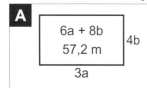
6a + 8b
57,2 m
4b
3a

B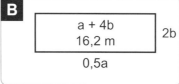
a + 4b
16,2 m
2b
0,5a

C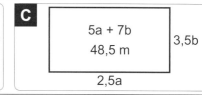
5a + 7b
48,5 m
3,5b
2,5a

Fr — Dreiecksformen

Ordne den Dreiecken ihre richtige Bezeichnung zu und verbinde die Aufgaben mit den zugehörigen Lösungen. Aus den Buchstaben, die auf den Verbindungslinien liegen, ergibt sich ein Lösungswort.

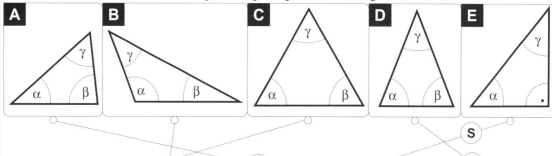

gleichseitig: alle Winkel sind 60° groß, alle Seiten sind gleich lang

stumpfwinklig: ein Winkel ist größer als 90°

rechtwinklig: ein Winkel ist 90° groß

spitzwinklig: alle Winkel sind kleiner als 90°

gleichschenklig: zwei Basiswinkel sind gleich groß, zwei Seiten sind gleich lang

Lösungswort:

A	B	C	D	E
I	L	T	I	S

Mo

Terme und Termvereinfachungen
Schreibe ohne Klammern und vereinfache den Term, wenn möglich.

A			**B**		
$2m - (3m - n) - (m - n)$	$-2m + 2n$		$5x - (3x + y) - (x + y)$	$x - 2y$	
$-5x + (4x - 6y) + 3y$	$-x - 3y$		$-12a - (4a + 9b) + 15a$	$-a - 9b$	
$7a + (2a - 3b) - (-3b)$	$9a$		$7c - (-2c - 8d) + (-5d)$	$9c + 3d$	
$(4x + 4y) + (3x - y)$	$7x + 3y$		$(-4x - 4y) - (3x - y)$	$-7x - 3y$	
$(4x - 6y) - (2x + 3y)$	$2x - 9y$		$(-4x + 6y) - (2x - 3y)$	$-6x + 9y$	
$(2a + 3b) - (-3a - 2b)$	$5a + 5b$		$(-2a + 3b) - (3a - 2b)$	$-5a + 5b$	

Di

Umfang und Flächeninhalt von Rechtecken
Ergänze die fehlenden Angaben des Rechtecks.

Länge	$2a$	a	$3a$	a	$2b$	$2a^2$
Breite	a	$3b$	$6b$	$2b$	$4b$	a
Umfang	$6a$	$2a + 6b$	$6a + 12b$	$2a + 4b$	$12b$	$4a^2 + 2a$
Flächeninhalt	$2a^2$	$3ab$	$18ab$	$2ab$	$8b^2$	$2a^3$

Mi

Aufstellen von Termen
Beschreibe mit Buchstaben und Rechenzeichen, wie man

A den Umfang eines Quadrats berechnet. $u = 4 \cdot a$	**B** die Oberfläche eines Würfels berechnet. $O = 6 \cdot a^2$	**C** den Umfang eines Rechtecks berechnet. $u = 2 \cdot a + 2 \cdot b$	**D** die Oberfläche eines Quaders berechnet. $O = 2(ab + bc + ac)$

Do

Winkel im Dreieck
Wie groß ist der fehlende Winkel des Dreiecks? Kreuze an. Die Kennbuchstaben der richtigen Antworten ergeben ein Wort.

	A	**B**	**C**	**D**	**E**	**F**
α	$50°$	$32°$	$59°$	$42°$	$59°$	$56°$
β	$87°$	$47°$	$38°$	$23°$	$92°$	$41°$
γ	$43°$	$101°$	$83°$	$115°$	$29°$	$83°$

✗ $87°$ (M)   ✗ $101°$ (A)   ✗ $597°$ (G)   ✗ $115°$ (N)   ✗ $59°$ (E)   ✗ $41°$ (T)

Lösungswort:

A	B	C	D	E	F
M	A	G	N	E	T

Fr

Rechnen mit rationalen Zahlen
Löse die Aufgaben. Die Kennbuchstaben bei den richtigen Lösungen ergeben ein Lösungswort.

A $-169 \cdot (18 + 6 - 9 - 13) \cdot (-\frac{2}{13}) =$ 52
   E 52

B $-1,8 - 6,6 - 10,9 - 6,9 = -26,2$
   U $-26,2$

C $-\frac{1}{3} \cdot (-4) \cdot \frac{1}{3} \cdot (-54) = -24$
   R -24

D $5 \cdot (-\frac{3}{4}) \cdot (-18) \cdot (-\frac{8}{15}) = -36$
   O -36

E $2,5 + 19,6 - 3,5 + 21,7 = 40,3$
   P $40,3$

F $-1,25 \cdot 6,7 \cdot (-8) = 67$
   A 67

G $(2,1 - 6,6) \cdot (-0,5) + 2,8 = 5,05$
   P $5,05$

H $(36 - 48 + 72) : (-12) = -5$
   O -5

I $0,25 : (-0,5) - (-1,25) : (-0,5) = -3$
   K -3

J $5\frac{1}{2} - 6\frac{7}{20} - 6\frac{3}{4} + 4\frac{1}{5} - 1\frac{1}{4} + 1\frac{17}{20} = -2\frac{4}{5}$
   A $-2\frac{4}{5}$

K $(-4,2) : 6 - (-3,2) : (-8) = -1,1$
   L $-1,1$

Lösungswort:

A	B	C	D	E	F	G	H	I	J	K
E	U	R	O	P	A	P	O	K	A	L

KOHL VERLAG   Wochenplan Mathematik / 7. Schuljahr   -   Bestell-Nr. 11 597

Mo — erledigt □ kontrolliert □

Aufstellen von Termen
Beschreibe mit Buchstaben und Rechenzeichen, wie man

A den Umfang einer Raute berechnet.
$u = 4 \cdot a$

B den Flächeninhalt eines Rechtecks berechnet.
$A = a \cdot b$

C den Umfang eines gleichseitigen Dreiecks berechnet.
$u = 3 \cdot a$

D den Umfang eines Parallelogramms berechnet.
$u = 2 \cdot a + 2 \cdot b$

Di — erledigt □ kontrolliert □

Gleichungen
Bestimme die Lösung der Gleichungen.

A
$x + 9 = 24$ $x = 15$
$x - 17 = 33$ $x = 50$
$6 \cdot x = 78$ $x = 13$
$3 \cdot x + 15 = 24$ $x = 3$

B
$9 \cdot x = 54$ $x = 6$
$x - 82 = 56$ $x = 138$
$x + 27 = 79$ $x = 52$
$4 \cdot x - 49 = 43$ $x = 23$

C
$3 \cdot x = 81$ $x = 27$
$x - 51 = 68$ $x = 119$
$x + 35 = 63$ $x = 28$
$6 \cdot x + 25 = 67$ $x = 7$

Mi — erledigt □ kontrolliert □

Terme
Klammere jeweils den angegebenen Faktor aus.

A
$6x + 18$ (6) $6 \cdot (x + 3)$
$32y^2 + 24x$ (8) $8 \cdot (4y^2 + 3x)$
$7a + 21b - 63$ (7) $7 \cdot (a + 3b - 9)$

B
$5ax - 20y$ (5) $5 \cdot (ax - 4y)$
$-8x^2 + 2z$ (-2) $-2 \cdot (4x^2 - z)$
$18a + 9b - 99$ (9) $9 \cdot (2a + b - 11)$

Do — erledigt □ kontrolliert □

Rechnen mit rationalen Zahlen

Einige der 24 Aufgaben haben ein richtiges Ergebnis. Rechne schnell nach und streiche die Buchstaben bei den falschen Ergebnissen.
Die Buchstaben bei den Aufgaben mit dem richtigen Ergebnis liefern dir - im Uhrzeigersinn gelesen - das englische Wort für Lump, Schuft, Schurke.
Wie heißt es?

R D B A L U G K C A

$0,4 \cdot 1,3 = 0,52$
$3,6 + 7,4 \cdot 0,5 = 7,3$
$(2,1 + 3,4) \cdot 0,6 = 3,3$
$141,6 : 6 = 23,6$
$30,24 : 36 = 0,84$
$3,7 + 1,8 : 0,2 = 12,7$
$0,8 \cdot 3,5 \cdot 7,2 = 20,16$
$34,464 : 0,096 = 359$
$(2,3 - 0,75) \cdot 9 = 13,95$
$(0,4 + 3,8) \cdot 0,4 = 1,68$
$0,184 : 0,08 = 2,3$
$2,1 \cdot 0,3 \cdot 1,8 = 1,134$
$12 - 0,45 \cdot 7,8 = 8,49$
$0,5 \cdot 1,2 + 3,6 \cdot 0,7 = 3,12$

blackguard
Schuft, Schurke, Lump

Fr — erledigt □ kontrolliert □

Termvereinfachungen
Vereinfache die Terme so weit wie möglich.

A
$2 \cdot x \cdot 4 \cdot 5y$ $40xy$
$x^2 \cdot 5x \cdot 3x$ $15x^4$
$t^2 \cdot 5s \cdot t \cdot 2s$ $10s^2t^3$
$7ax \cdot 7ab \cdot (-3b)$ $-147a^2b^2x$
$18xy \cdot (-4v) \cdot 3vx$ $-216v^2x^2y$

B
$1,6r \cdot 4uv \cdot 5vw$ $32ruv^2w$
$2y \cdot 1,5y \cdot 6$ $18y^2$
$3a^2 \cdot 2b^3 \cdot ab$ $6a^3b^4$
$5by \cdot 4bc \cdot (-0,6c)$ $-12b^2c^2y$
$9ab \cdot (-2c) \cdot 3ac$ $-54a^2bc^2$

Mo

erledigt kontrolliert

Terme mit Klammern
Multipliziere aus und fasse zusammen.

A

$(x + 5) \cdot (x + 3)$	$x^2 + 8x + 15$
$(2a + 3) \cdot (a + 2)$	$2a^2 + 7a + 6$
$(5x + 4y) \cdot (x + 3y)$	$5x^2 + 19xy + 12y^2$
$(x - 2) \cdot (x - 4)$	$x^2 - 6x + 8$
$(0,5a + 1) \cdot (a - 4)$	$0,5a^2 - a - 4$
$(0,2g + h) \cdot (g - 2h)$	$0,2g^2 + 0,6gh - 2h^2$

B

$(a + 1) \cdot (a - 3)$	$a^2 - 2a - 3$
$(2x - 1) \cdot (x + 3)$	$2x^2 + 5x - 3$
$(2a + 3b) \cdot (a - 2b)$	$2a^2 - ab - 6b^2$
$(2a + 7b) \cdot (3a + b)$	$6a^2 + 23ab + 7b^2$
$(x + 5) \cdot (x - 4)$	$x^2 + x - 20$
$(1,5a + 7b) \cdot (a + 4b)$	$1,5a^2 + 13ab + 28b^2$

Di

erledigt kontrolliert

Flächeninhalt Trapez
Berechne den Flächeninhalt der Trapeze.

Grundseite a	8 cm	9,6 m	4,2 m	2 dm	8 km	12 mm
Grundseite c	6 cm	3,8 m	2,6 m	7 dm	12 km	7 mm
Höhe h	4 cm	2,5 m	5 m	4 dm	5 km	3,5 mm
Flächeninhalt A	28 cm²	16,75 m²	17 m²	18 dm²	50 km²	33,25 mm²

Mi

erledigt kontrolliert

Volumen und Oberfläche von Quadern
Berechne die fehlenden Maße der Quader.

A

Länge	12 cm	8 cm	15 cm
Breite	7 cm	10 cm	22 cm
Höhe	3 cm	3 cm	6 cm
Oberfläche	282 cm²	268 cm²	1104 cm²
Volumen	252 cm³	240 cm³	1980 cm³

B

Länge	10 cm	5 cm	5 cm
Breite	20 cm	8 cm	10 cm
Höhe	5 cm	18 cm	8 cm
Oberfläche	700 cm²	548 cm²	340 cm²
Volumen	1000 cm³	720 cm³	400 cm³

Do

erledigt kontrolliert

Umfang und Flächeninhalt
Ordne den einzelnen Flächen die richtigen Formeln zu und verbinde die Aufgaben mit den zugehörigen Lösungen.
Aus den Buchstaben, die auf den Verbindungslinien liegen, ergibt sich ein Lösungswort.

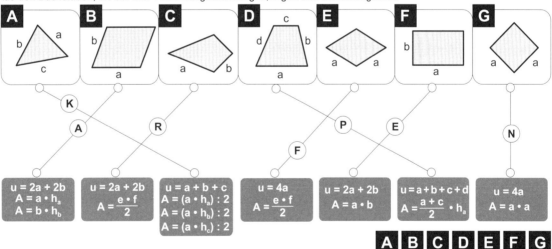

Flächen: A	B	C	D	E	F	G

Lösungswort: K A R P F E N

Fr

erledigt kontrolliert

Stochastik

A Es wird eine Zahl gezogen. Wie groß ist die Wahrscheinlichkeit, dass eine Primzahl gezogen wird?
$$p = \frac{2}{5}$$

B Wie groß ist die Wahrscheinlichkeit, beim Würfeln mit einem Würfel keine Vier zu würfeln?
$$p = \frac{5}{6}$$

C Wie groß ist die Wahrscheinlichkeit, dass eine weiße Kugel gezogen wird?
$$p = \frac{8}{15}$$

D Wie groß ist die Wahrscheinlichkeit, an dem Glücksrad eine ungerade Zahl zu erdrehen?
$$p = \frac{1}{2}$$

KOHL VERLAG   Wochenplan Mathematik / 7. Schuljahr   -   Bestell-Nr. 11 597

Wochenplan _____ **Name:** _____ **Klasse:** _____ **Abgabe am:** _____

Mo

Zahlenschlangen
Ermittle, welche Zahl im ersten Feld steht.

A **?**
(2,4)–(1,44) + 3,2
• 0,6 → (4,64)
• 3,5 (1,6) : 2,9
(5,6)
: 0,8 • 0,9
(7)–(6,3)

B **?**
(2,4)–(3,6) + 7,2
• 1,5 → (10,8)
• 0,75 (6) : 1,8
(4,5)
– 1,2 • 0,4
(3,3)–(1,32)

C **?**
(−6,8)–(1,5) : 0,06
+ 8,3 → (25)
– 2,4 (10) • 0,4
(7,6)
: 2 – 1,5
(3,8)–(2,3)

Di

Terme mit Klammern

A Dividiere.

$(12x - 8y) : 4$	$3x - 2y$
$(30y - 12) : 6$	$5y - 2$
$(2c - 5a) : 0,2$	$10c - 25a$
$(6a - 9b) : 1,5$	$4a - 6b$
$(4y + 2a) : 2$	$2y + a$
$(c - 2a) : 0,1$	$10c - 20a$

B Multipliziere und fasse - wenn möglich - zusammen.

$(x + y + 5) \cdot (x - y)$	$x^2 - y^2 + 5x - 5y$
$(a + b + c) \cdot (a - b)$	$a^2 - b^2 + ac - bc$
$(v + w) \cdot (b - m - w)$	$bv - mv - vw + bw - mw - w^2$
$(2a + b - 3) \cdot (a + 2b)$	$2a^2 + 5ab + 2b^2 - 3a - 6b$
$(x + y + z) \cdot (x - y)$	$x^2 - y^2 + xz - yz$
$(a + 7b) \cdot (a - b - 5)$	$a^2 - 5a + 6ab - 7b^2 - 35b$

Mi

Flächeninhalt Parallelogramm
Berechne den Flächeninhalt.

A 3,4 m / 11 m / A = 37,4 m²

B 8,7 cm / 2,1 cm / A = 18,27 cm²

C A = 58,71 m² / 10,3 m / 5,7 m

Do

Konstruktion der Mittelsenkrechten
Hier siehst du, wie man die Mittelsenkrechte konstruiert. Führe diese Konstruktion selbst durch.

A A — B

B A — B, r

C C₁, r, A — B, C₂

D C₁, Mittelsenkrechte, A — B, C₂

C₁ / Mittelsenkrechte / B / A / C₂

Fr

Winkelsumme in Dreiecken und Vierecken
Berechne die Größe der Winkel.

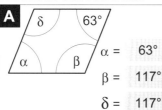

A δ / 63° / α / β
α = 63°
β = 117°
δ = 117°

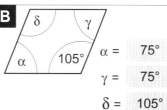

B δ / γ / α / 105°
α = 75°
γ = 75°
δ = 105°

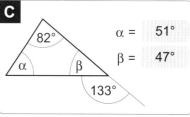

C 82° / α / β / 133°
α = 51°
β = 47°

Mo

erledigt · kontrolliert

Baumdiagramme

A Fülle das Gefäß mit Kugeln, so dass das Baumdiagramm stimmt.

$\frac{1}{4}$ — s

$\frac{3}{4}$ — w

B Welche Kugel sind im Gefäß, so dass das Baudiagrammm stimmt?

$\frac{3}{7}$ — s

$\frac{4}{7}$ — w

C Ergänze das Baumdiagramm zu diesem Urnenversuch.

$\frac{5}{8}$ — s

$\frac{3}{8}$ — w

D Ergänze das Baumdiagramm zu diesem Urnenversuch.

$\frac{1}{3}$ — s

$\frac{2}{3}$ — w

Di

erledigt · kontrolliert

Flächeninhalt Trapez
Berechne den Flächeninhalt.

A 11 cm, 3 cm, 14 cm

A = 98 cm²

B 20,4 m, 3,4 m, 18,2 m

A = 65,62 m²

C 7 m, 12 m, 11 cm

A = 104,5 m²

Mi

erledigt · kontrolliert

Aufstellen von Gleichungen
Schreibe eine Gleichung und bestimme die unbekannte Zahl.

A Die Summe aus einer unbekannten Zahl und 67 ist 172. | $x + 67 = 172$ | $x = 105$

B Die Differenz aus einer unbekannten Zahl und 89 ist 115. | $x - 89 = 115$ | $x = 204$

C Das Produkt aus einer unbekannten Zahl und 89 ist 1068. | $x \cdot 89 = 1068$ | $x = 12$

D Der Quotient aus einer unbekannten Zahl und 16 ist 13. | $x : 16 = 13$ | $x = 208$

Do

erledigt · kontrolliert

Die Mittelsenkrechten im Dreieck
Zeichne ein Dreieck ABC mit A(1|2), B(7|1) und C(4|6). Konstruiere die Mittelsenkrechten der drei Seiten. Was kannst du über den Schnittpunkt sagen?

Der Schnittpunkt M ist von allen drei Eckpunkten des Dreiecks gleich weit entfernt. Daher kann man einen Kreis um das Dreieck zeichnen, den sogenannten **Umkreis**.

Fr

erledigt · kontrolliert

Gleichungen
Finde die Zahl x mithilfe von Umkehroperatoren.

A 7 · 2 → 14 + 8 → 22

B 5 · 12 → 60 − 35 → 25

C 7 · 4 → 28 + 3 → 31

D 54 : 6 → 9 + 18 → 27

E 32 : 4 → 8 + 29 → 37

F 216 : 6 → 36 − 27 → 9

G 48 : 8 → 6 + 9 → 15

H 2 · 4 → 8 + 7 → 15

I − 14 : 14 → − 1 + 5 → 4

KOHL VERLAG   Wochenplan Mathematik / 7. Schuljahr   -   Bestell-Nr. 11 597

| | | **Wochenplan** ____ **Name:** _____ **Klasse:** ____ **Abgabe am:** _____ |

Mo

erledigt / kontrolliert

Aufstellen von Gleichungen
Schreibe eine Gleichung und bestimme die unbekannte Zahl.

A	Vermehrt man das 8fache einer Zahl um 25, so erhält man 121.	$8x + 25 = 121$	$x = 12$
B	Vermindert man das 4fache einer Zahl um 85, so erhält man 23.	$4x - 85 = 23$	$x = 27$
C	Vermehrt man die Hälfte einer Zahl um 19, so erhält man 51.	$\frac{1}{2}x + 19 = 51$	$x = 64$
D	Vermindert man den dritten Teil einer Zahl um 17, so erhält man 12.	$\frac{1}{3}x - 17 = 12$	$x = 87$

Di

erledigt / kontrolliert

Volumen zusammengesetzter Körper
Berechne das Volumen der Körper (Maßangaben in cm).

A 11, 4, 4, 4, 4, 4, 2 → 200 cm³

B 16, 4, 4, 4, 4, 4, 20 → 3200 cm³

C 4, 4, 3, 10, 12 → 552 cm³

D 4, 3, 6, 7, 2, 5, 8 → 560 cm³

Mi

erledigt / kontrolliert

Konstruktion der Winkelhalbierenden
Hier siehst du die einzelnen Schritte zur Konstruktion der Winkelhalbierenden w_α. Führe diese Konstrukion selbst durch.

A ... **B** ... **C** ... **D** ...

Do

erledigt / kontrolliert

Richtig oder falsch?
Entscheide, ob die Aussagen richtig oder falsch sind. Die Kennbuchstaben der richtigen Antworten ergeben ein Wort.

| **A** Die Figuren haben den gleichen Flächeninhalt. | **B** Die kanadische Flagge ist punktsymmetrisch. | **C** Alle Würfel sind auch Quader. | **D** Die Flagge von Trinidad und Tobago ist punktsymmetrisch. |
| **L** richtig | **A** falsch | **U** richtig | **B** richtig |

A B C D

Lösungswort: L A U B

Fr

erledigt / kontrolliert

Rechnen mit rationalen Zahlen
Berechne geschickt.

A

$3 \cdot (-1,2) - (-1,2) \cdot 5 + 6 \cdot (-1,2) = -4,8$

$-12,2 \cdot 6,4 - 6,4 \cdot 5,3 + 6,4 \cdot 4,8 = -81,28$

$-9 \cdot 2,8 + 12 \cdot 2,8 - 2,8 \cdot (-19) = 61,6$

B

$5,7 \cdot (-0,5) + (-0,5) \cdot 6 - 12 \cdot (-0,5) = 0,15$

$10,7 \cdot (-2,5) - 10,7 \cdot 5,5 + 11,2 \cdot 10,7 = 34,24$

$-7,4 \cdot 2,4 + 4,6 \cdot (-7,4) + 9,5 \cdot (-7,4) = -122,1$

KOHL VERLAG · Wochenplan Mathematik / 7. Schuljahr · Bestell-Nr. 11 507

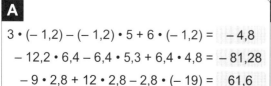

Mo

erledigt kontrolliert

Bestimmen von Winkeln
Welchen Winkel bilden die Zeiger der Uhren jeweils?

A

B

C

D

105°

60°

142,5°

100°

Di

erledigt kontrolliert

Textaufgaben

A Jack Potts Lottogemeinschaft „Always Six", die aus zwölf Personen besteht, hat die langersehnten 6 Richtigen geschafft und 1047000 € gewonnen. Wie viel erhält jeder?

87250 €

B Kapitän Störtebeckers Trinkwasservorrat ist für die 70 Mann Besatzung auf 54 Tage ausgelegt. Er heuert weitere 20 Matrosen an. Wie lange reicht der Vorrat jetzt noch?

42 Tage

C Der Wagen von Harry Bleifuß braucht auf 100 km 9,6 ℓ Benzin. In seinen Tank passen 62,4 Liter. Wie weit kommt er damit?

650 km

D Die Buskosten für eine Klassenfahrt kostet jeden der 28 Schüler 27,50 €. Leider mussten drei Kinder kurz vor der Fahrt wegen Krankheit absagen. Der Busunternehmer muss aber trotzdem mit dem vollen Preis bezahlt werden. Wie viel muss jetzt jeder zahlen?   30,80 €

Mi

erledigt kontrolliert

Aufstellen von Termen
Schreibe den entsprechenden Term auf und berechne ihn.

A Subtrahiere von 18,3 die Summe der Zahlen 8,9 und 2,7. $18,3 - (8,9 + 2,7)$ 6,7

B Multipliziere die Differenz der Zahlen 9,7 und 6,8 mit (− 2,5). $(9,7 - 6,8) \cdot (- 2,5)$ − 7,25

C Addiere das Produkt der Zahlen 1,2 und (− 0,8) und den Quotienten aus 4,5 und 9. $1,2 \cdot (- 0,8) + 4,5 : 9$ − 0,46

D Multipliziere die Summe der Zahlen 1,9 und 0,8 mit (− 0,2). $(1,9 + 0,8) \cdot (- 0,2)$ − 0,54

Do

erledigt kontrolliert

Winkelhalbierende im Dreieck
Zeichne ein Dreieck ABC mit A(0|0), B(7|2) und C(3|6). Konstruiere die Winkelhalbierenden der drei Winkel. Was kannst du über den Schnittpunkt sagen?

Die Winkelhalbierenden schneiden sich in einem Punkt, der zu allen drei Seiten den gleichen Abstand hat. Deshalb lässt sich ein Kreis in das Dreieck einbeschreiben, der **Inkreis** mit dem **Radius** ρ (*rho*).

Fr

erledigt kontrolliert

Winkel an Geradenkreuzungen
Berechne die Größe der fehlenden Winkel.

A

42° δ γ β

B

146° α γ β

C g ‖ h

g

49°

α_3 α_1

h α_2

β = 138° γ = 42° δ = 138°   α = 34° β = 146° γ = 34° α_1 = 131° α_2 = 131° α_3 = 131°

| Wochenplan ____ | Name: _____ | Klasse: ____ | Abgabe am: _____ |

Mo

Sachaufgaben: Prozentrechnung

A
Der Indische Ozean bedeckt eine Fläche von 72 000 000 km². Das sind ungefähr 20 % der gesamten Meeresfläche. Wie groß ist die gesamte Meeresfläche?

360 000 000 km²

B
Eine Schokoladensorte enthält 30 % Kakaobestandteile. Wie viel kg Kakao werden für 600 000 Schokoladentafeln zu je 150 g benötigt?

27 000 kg Kakao

C
Ein Haus bringt jährlich 7 200 € an Mieten ein. Das sind 2,5 % des Kaufpreises. Wie teuer war das Haus?

288 000 €

D
Das Verkehrszeichen bedeutet, dass auf einer waagerechten Strecke von 100 m die Straße um 8 m ansteigt. Welcher Höhenunterschied besteht auf einer waagerechten Strecke von 1200 m?

96 m

erledigt kontrolliert

Di

Der Mittelwert

Papa Boilnix führt genau Buch über die Haushaltsausgaben seiner Frau Carlotta. Berechne einmal, was Frau Boilnix durchschnittlich im Monat ausgegeben hat.

941 €

Januar	Februar	März	April	Mai	Juni	Juli	August	September	Oktober	November	Dezember
623 €	798 €	845 €	1004 €	783 €	904 €	838 €	1028 €	1117 €	990 €	1204 €	1158 €

erledigt kontrolliert

Mi

Rechnen mit rationalen Zahlen
Berechne.

A

$$\frac{2}{3} : \left(\frac{1}{3} - \frac{2}{5}\right) - \frac{11}{20} \qquad -10\frac{11}{20}$$

$$\frac{14}{27} \cdot 54 - \left(1\frac{1}{2} - 2\frac{1}{8}\right) - 9\frac{3}{4} \qquad 18\frac{7}{8}$$

$$\left[\left(-\frac{3}{5}\right) \cdot 1\frac{1}{2} - \frac{11}{15}\right] \cdot \frac{5}{6} \qquad -1\frac{13}{36}$$

$$-7\frac{7}{10} \cdot \frac{15}{28} - \frac{7}{10} : \frac{14}{15} \qquad -4\frac{7}{8}$$

B

$$1\frac{2}{3} : \left(-\frac{5}{6}\right) + \frac{3}{8} \cdot \left(-3\frac{7}{12}\right) \qquad -3\frac{11}{32}$$

$$\left(-2\frac{7}{8}\right) \cdot \frac{2}{3} + \frac{5}{6} \cdot \left(-\frac{3}{5}\right) \qquad -2\frac{5}{12}$$

$$\left(-12\frac{2}{3}\right) : 19 - 4\frac{2}{3} \cdot \frac{6}{7} \qquad -4\frac{2}{3}$$

$$6\frac{2}{3} \cdot \frac{7}{10} - \frac{4}{5} \cdot \left(-2\frac{5}{6}\right) \qquad 6\frac{14}{15}$$

erledigt kontrolliert

Do

Konstruktion von Winkelhalbierenden
Es soll ein Grillplatz aufgebaut werden, der von allen drei Wanderwegen den gleichen Abstand hat.

Wanderweg A6

Grill

Wanderweg A3

Wanderweg A1

erledigt kontrolliert

Fr

Flächen mit gleichem Flächeninhalt
Zeichne eine weitere Fläche, die den gleichen Flächeninhalt wie die zwei anderen Flächen hat.

A z. B.

B z. B.

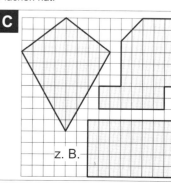
C z. B.

erledigt kontrolliert

Mo

Gleichungen

Stelle eine Gleichung auf und berechne die fehlende Seitenlänge.

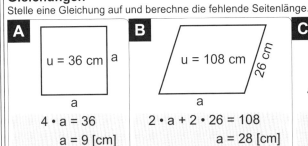

A
u = 36 cm
a
a

4 • a = 36
a = 9 [cm]

B
u = 108 cm
26 cm
a

2 • a + 2 • 26 = 108
a = 28 [cm]

C
a   a
u = 45 cm
a

3 • a = 45
a = 15 [cm]

D
a   a
u = 104 cm
40 cm

2 • a + 40 = 104
a = 32 [cm]

erledigt / kontrolliert

Di

Magische Quadrate mit rationalen Zahlen

Waagerecht, senkrecht und diagonal muss die Addition der drei Zahlen immer dieselbe Summe ergeben.

A

1	3	−4
−5	0	5
4	−3	−1

B

1,2	−3,2	1,1
−0,4	−0,3	−0,2
−1,7	2,6	−1,8

C

$-\frac{1}{4}$	0	$-1\frac{1}{4}$
$-1\frac{1}{2}$	$-\frac{1}{2}$	$\frac{1}{2}$
$\frac{1}{4}$	-1	$-\frac{3}{4}$

D

0	$-\frac{1}{6}$	$-\frac{5}{6}$
$-1\frac{1}{6}$	$-\frac{1}{3}$	$\frac{1}{2}$
$\frac{1}{6}$	$-\frac{1}{2}$	$-\frac{2}{3}$

erledigt / kontrolliert

Mi

Rechnen mit ganzen Zahlen

Du darfst die Faktoren vertauschen und Klammern setzen. Dann kannst du das Ergebnis blitzschnell im Kopf berechnen.

A

$-2 \cdot 34 \cdot 50$	-3400
$-76 \cdot (-4) \cdot 25$	7600
$50 \cdot (-48) \cdot (-2)$	4800
$40 \cdot (-25) \cdot 39$	-39000

B

$13 \cdot 125 \cdot (-8)$	-13000
$-20 \cdot 26 \cdot (-50)$	26000
$-8 \cdot 23 \cdot (-125)$	23000
$-500 \cdot (-35) \cdot (-2)$	-35000

C

$4 \cdot (-250) \cdot 19$	-19000
$66 \cdot (-20) \cdot 50$	-66000
$25 \cdot 99 \cdot (-4)$	-9900
$-18 \cdot 125 \cdot (-8)$	18000

erledigt / kontrolliert

Do

Dreieckskonstruktion (SSS)

Von einem Dreieck sind gegeben a = 4,3 cm, b = 5,5 cm und c = 7 cm.
Führe die Konstruktion aus. Die Abbildungen zeigen dir, wie es geht.

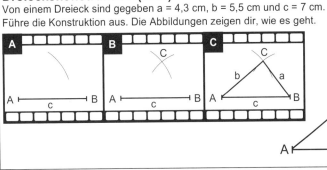

A
A ⊢ c ⊣ B

B
C
A ⊢ c ⊣ B

C
C
b   a
A ⊢ c ⊣ B

C
b   a
A ⊢ c ⊣ B

erledigt / kontrolliert

Fr

Termvereinfachungen

Wenn du dir die Termvereinfachungen genau betrachtest, wirst du feststellen, dass einige Vereinfachungen richtig, andere falsch sind. Kreuze den entsprechenden Buchstaben an. Du erhältst bei richtiger Lösung ein englisches Sprichwort.

Platz für Nebenrechnungen:

	RICHTIG	FALSCH
	C	
$5 \cdot 3 \cdot (a + b) = 15a + 15b$		U
$25 \cdot a + 23 \cdot b = 25a + 23b$		R
	I	
$6 \cdot 5 \cdot m \cdot n = 30mn$		O
$7,93 \cdot t - 6,93 \cdot t = 1t = t$		S
	I	
$9 \cdot p - (2 \cdot p + 4 \cdot p) = 3p$		T
$a + a + a - a = 2a$		Y
	K	
$4 \cdot 3 \cdot u \cdot v = 12uv$		I
	L	
	L	
$7 \cdot g - 3 \cdot g + 4 \cdot g - 6 \cdot g = 2g$		E
	D	
$11 \cdot c - c = 10c$		T
	H	
$a - 35 a = -34a$		E
	C	
$35b - 17 - 18b = 17b - 17$		A
	T	

CURIOSITY KILLED THE CAT
NEUGIER IST DER KATZE TOD

erledigt / kontrolliert

KOHL VERLAG   Wochenplan Mathematik / 7. Schuljahr   -   Bestell-Nr. 11 597

Mo

Rechnen mit rationalen Zahlen

Du darfst die Faktoren vertauschen und Klammern setzen. Dann kannst du das Ergebnis im Kopf berechnen.

A		
$-12{,}5 \cdot 21 \cdot 8$	-2100	
$2 \cdot 17 \cdot (-0{,}5)$	-17	
$0{,}5 \cdot 55 \cdot (-20)$	-550	
$0{,}25 \cdot (-9) \cdot (-4)$	9	

B		
$50 \cdot (-0{,}2) \cdot 38$	-380	
$-15 \cdot 1{,}25 \cdot (-80)$	1500	
$-5 \cdot (-0{,}2) \cdot 24{,}3$	$24{,}3$	
$1{,}25 \cdot 169 \cdot (-8)$	-1690	

C		
$-0{,}4 \cdot 25 \cdot 7{,}2$	-72	
$4{,}7 \cdot (-20) \cdot 0{,}5$	-47	
$125 \cdot 1{,}57 \cdot (-0{,}8)$	-157	
$-2{,}5 \cdot 72{,}5 \cdot (-4)$	725	

erledigt kontrolliert

Di

Aufstellen von Termen

Schreibe den entsprechenden Term auf und berechne ihn.

A Addiere die Zahlen -12 und 8 und multipliziere diese Summe mit $-0{,}5$. $(-12 + 8) \cdot (-0{,}5)$ 2

B Multipliziere die Summe aus -9 und -16 mit -4. $[(-9) + (-16)] \cdot (-4)$ 100

C Multipliziere die Zahl -3 mit -5 und addiere zum Produkt die Zahl -27. $(-3) \cdot (-5) + (-27)$ -12

D Multipliziere die Summe aus 6 und 9 mit -9 und addiere dazu -83. $(6 + 9) \cdot (-9) + (-83)$ -218

erledigt kontrolliert

Mi

Dreieckskonstruktion (SWS)

Von einem Dreieck sind gegeben $c = 7$ cm, $a = 4{,}1$ cm, $\beta = 42°$.
Führe die Konstruktion aus. Die Abbildungen zeigen
dir, wie es geht.

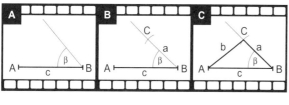

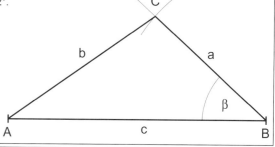

erledigt kontrolliert

Do

Rechnen mit Brüchen

Hinter diesem Rätsel verbirgt sich ein englisches Sprichwort, dass du herausfinden kannst, wenn du die 20 Aufgaben in den Achteckwaben löst. Beginne jeweils mit der Bruchzahl, die über dem schwarzen Dreieck steht und rechne dann im Uhrzeigersinn weiter, wobei natürlich gilt: Punkt- vor Strichrechnung. Wenn du richtig gerechnet hast, sagt dir dein Ergebnis, welchen Buchstaben des Alphabets (A = 1, B = 2, usw.) du in das mittlere freie Feld schreiben musst. Alle Buchstaben - zeilenweise gelesen - ergeben das Sprichwort.

A	B	C	D	E	F	G	H	I	J	K	L	M
1	2	3	4	5	6	7	8	9	10	11	12	13

N	O	P	Q	R	S	T	U	V
14	15	16	17	18	19	20	21	22

W	X	Y	Z
23	24	25	26

Civility costs nothing
Höflichkeit kostet nichts

Fr

Vorteilhaft rechnen

Rechne vorteilhaft, indem du einen gemeinsamen Faktor ausklammerst.

A		
$28 \cdot 12 - 24 \cdot 12$	48	
$-12 \cdot (-9) + 6 \cdot (-9)$	54	
$-19 \cdot 23 + 18 \cdot 23$	-23	

B		
$16 \cdot 18 - 18 \cdot 18$	-36	
$-7 \cdot (-8) - 9 \cdot (-8)$	128	
$1{,}5 \cdot (-29) + 1{,}5 \cdot 26$	$-4{,}5$	

C		
$15 \cdot (-49) + 15 \cdot 57$	120	
$1{,}7 \cdot (-4) + 0{,}8 \cdot (-4)$	-10	
$2{,}83 \cdot (-8) - 1{,}58 \cdot (-8)$	-10	

erledigt kontrolliert

KOHL VERLAG   Wochenplan Mathematik / 7. Schuljahr   -   Bestell-Nr. 11 597

Mo

erledigt kontrolliert

Rechendiktat
Rechne die Aufgaben aus und schreibe die Lösungen in die freien Felder unter den Aufgaben.

A $-2,4$ $-12,5$ $8,7$
kleinste Zahl mal größte Zahl
minus mittlere Zahl
$-106,35$

B $-6,9$ $13,2$ $-1,6$
kleinste Zahl mal mittlere Zahl
plus größte Zahl
$24,24$

C $-9,2$ $-18,5$ $-5,8$
größte Zahl mal mittlere Zahl
minus kleinste Zahl
$71,86$

Di

erledigt kontrolliert

Rationale Zahlen am Zahlenstrahl
Welche rationale Zahl liegt auf dem Zahlenstrahl in der Mitte der angegebenen Zahlen?

A $-2,5$ und $4,9$

$-2,5$ $4,9$

$1,2$

B $-25,3$ und $8,7$

$-25,3$ $8,7$

$-8,3$

C $-87,2$ und $-9,1$

$-87,2$ $-9,1$

$-48,15$

D $-25,8$ und $98,4$

$-55,8$ $98,4$

$21,3$

Mi

erledigt kontrolliert

Dreieckskonstruktion (WSW)
Von einem Dreieck sind gegeben c = 7,8 cm, α = 42°, β = 54°.
Führe die Konstruktionsschritte aus. Die Abbildungen zeigen
dir, wie es geht.

A A $\vdash$ c $\dashv$ B

B A α c B

C A α β c B C

C

α β

A   c   B

Do

erledigt kontrolliert

Multiplizieren und Addieren rationaler Zahlen
Multipliziere jede der acht Zahlen mit dem angegebenen Faktor in der Mitte und trage deine Ergebnisse in die freien
Felder an. Addiere anschließend alle acht Ergebnisse. Was erhältst du als Endergebnis?

A
195 273
-150 -210
-1001 770 · $(-1,3)$ 630 -819
-4368 420 370 -481
-940 -520
1222 676

Endergebnis: -481

B
96 138
-160 -230
-468 780 · $(-0,6)$ 690 -414
-264 440 320 -192
-910 -570
546 342

Endergebnis: -216

C
665 770
-190 -220
-2485 710 · $(-3,5)$ 640 -2240
-1575 450 360 -1260
-980 -530
3430 1855

Endergebnis: -840

Fr

erledigt kontrolliert

Aufstellen von Gleichungen
Schreibe eine Gleichung und bestimme die unbekannte Zahl.

A Vermehrt man das Dreifache einer Zahl um 7, so erhält man 31. $3x + 7 = 31$ $x = 8$

B Subtrahiert man 17 vom Doppelten einer Zahl, so erhält man -7. $2x - 17 = -7$ $x = 5$

C Die Summe aus dem Fünffachen einer Zahl und 45 ist 10. $5x + 45 = 10$ $x = -7$

D Vermehrt man das Zehnfache einer Zahl um 48, so erhält man 82. $10x + 48 = 82$ $x = 3,4$

B Verdreifacht man die Summe aus einer Zahl und 17,
so erhält man 69 $3(x + 17) = 69$ $x = 6$

C Vermindert man eine Zahl um 45 und verdoppelt diese Differenz,
so erhält man 58. $2(x - 45) = 58$ $x = 74$

Wochenplan Mathematik / 7. Schuljahr   -   Bestell-Nr. 11 597

KOHL VERLAG

Mo

erledigt kontrolliert

Winkel im Viereck

Wie groß ist der fehlende Winkel des Vierecks? Kreuze an. Die Kennbuchstaben der richtigen Anworten ergeben ein Wort.

	A	**B**	**C**	**D**	**E**	**F**	**G**
α	90°	145°	83°	90°	133°	68°	125°
β	90°	45°	107°	90°	47°	67°	56°
γ	110°	45°	80°	90°	133°	87°	83°
δ	70°	125°	90°	90°	47°	138°	96°

Lösungswort:

A	B	C	D	E	F	G
P	A	T	I	E	N	T

✗ 145° (A)   ✗ 90° (I)
✗ 80° (T)
✗ 110° (P)   ✗ 133° (E)   ✗ 67° (N)   ✗ 56° (T)

Di

erledigt kontrolliert

Drehsymmetrische Figuren

Überprüfe die Figuren auf Drehsymmetrie. Zeichne gegebenenfalls den Drehpunkt Z ein und gib den Drehwinkel an.

A   Z   90°
B   Z   60°
C
D   Z   45°

Mi

erledigt kontrolliert

Klammern setzen

Wenn du Klammern an die richtigen Stellen setzt, stimmt das Ergebnis.

A

$24 - 30 \cdot 7 = -42$ $(24 - 30) \cdot 7 = -42$

$4 - 7 - 6 : 9 = -1$ $(4 - 7 - 6) : 9 = -1$

$-9 + 8 - 10 : 2 = -10$ $-9 + (8 - 10) : 2 = -10$

$-9 \cdot 47 - 45 - 2 = -20$ $-9 \cdot (47 - 45) - 2 = -20$

B

$-3 - 12 : (-5) + 12 = 15$ $(-3 - 12) : (-5) + 12 = 15$

$-51 - 12 : (-7) - 4 = 5$ $(-51 - 12) : (-7) - 4 = 5$

$5 + 5 \cdot (-5) - 5 : 5 = -5$ $[5 + 5 \cdot (-5) - 5] : 5 = -5$

$-2 + 5 \cdot (-5) - 2 = -21$ $(-2 + 5) \cdot [(-5) - 2] = -21$

Do

erledigt kontrolliert

Dreieckskonstruktion (SSW)

Gegeben: c = 4,2 cm, b = 4,5 cm, β = 32°. Führe die Konstruktion aus. Die Abbildungen zeigen dir, wie es geht.

Fr

erledigt kontrolliert

Puzzeln mit Tangram

Schneide die sieben Tangramteile aus und lege die Figuren nach.

A   **B**   **C**

Lege weitere Figuren. Deiner Phantasie sind keine Grenzen gesetzt.

KOHL VERLAG   Wochenplan Mathematik / 7. Schuljahr   -   Bestell-Nr. 11 597

Mo

erledigt   kontrolliert

Ungleichungen

Gib die Lösungen der Ungleichungen an. Die Kennbuchstaben der richtigen Antworten ergeben ein Wort.

A $5x + 12 > 17$
   ⊗ $x > 1$ (M)

B $3x - 31 < 11$
   ⊗ $x < 14$ (Ü)

C $x + 1,2 > 3,8$
   ⊗ $x > 2,6$ (C)

D $x - 68 < 7$
   ⊗ $x < 75$ (K)

E $-5x - 18 > 7$
   ⊗ $x < -5$ (E)

A	B	C	D	E

Lösungswort: | M | Ü | C | K | E |

Di

erledigt   kontrolliert

Dreieckstypen

Um welche Dreiecke handelt es sich hier? Gib die Art der Dreiecke an.

A   rechtwinklig
B   spitzwinklig
C   stumpfwinklig
D   gleichschenklig
E   stumpfwinklig
F   spitzwinklig
G   gleichseitig

Mi

erledigt   kontrolliert

Dreieckskonstruktionen

A   Zeichne ein gleichseitiges Dreieck mit a = 5 cm. Zeichne anschließend alle Symmetrieachsen ein.

B   Zeichne ein gleichschenkliges Dreieck mit a = b = 5 cm und γ = 50°. Zeichne anschließend die Symmetrieachse ein.

Do

Puzzeln mit Tangram

Schneide die sieben Teile aus und lege die Figuren nach.

Lege weitere Figuren. Deiner Phantasie sind keine Grenzen gesetzt.

Fr

erledigt   kontrolliert

Division von Dezimalbrüchen

In jeder Aufgabe wurde vergessen, ein Komma zu setzen. Ergänze so, dass die Rechnung stimmt.

A
$13,2 : 4 = 3,3$
$3,85 : 5 = 0,77$
$65,94 : 7 = 9,42$

B
$89,6 : 8 = 11,2$
$41,76 : 12 = 3,48$
$38,58 : 3 = 12,86$

C
$49,38 : 6 = 8,23$
$119,16 : 9 = 13,24$
$81,41 : 7 = 11,63$

KOHL VERLAG   Wochenplan Mathematik / 7. Schuljahr   -   Bestell-Nr. 11 597

Mo

erledigt   kontrolliert

Bezeichnungen am Dreieck
Vervollständige die Benennung der Dreiecke.

A

B

C

D

Di

erledigt   kontrolliert

Dreieckstypen
Um welches Dreieck handelt es sich? Schreibe den Namen der Dreiecke in die grauen Kästchen.

A a = 6 cm, b = 6 cm, c = 6 cm

gleichseitiges Dreieck

B c = 6 cm, α = 40°, β = 40°

gleichschenkliges Dreieck

C a = 3 cm, b = 4 cm, γ = 90°

rechtwinkliges Dreieck

D b = 6 cm, c = 7 cm, α = 112°

stumpfwinkliges Dreieck

E c = 8 cm, α = 55°, β = 65°

spitzwinkliges Dreieck

F a = 6 cm, α = 30°, β = 60°

rechtwinkliges Dreieck

Mi

erledigt   kontrolliert

Dreieckskonstruktion
Konstruiere in das Koordinatensystem
das Dreieck mit A(0|2), B(3|0),
a = 4,5 cm, β = 70°.
Gib die Koordinaten des
Punktes C an.

C(3,9|4)

Do

erledigt   kontrolliert

Puzzeln mit Tangram
Schneide die sieben Teile aus und lege die Figuren nach.

A   **B**   **C**   **D**

Lege weitere Figuren.
Deiner Phantasie sind
keine Grenzen gesetzt.

Fr

erledigt   kontrolliert

Kreisdiagramme
Wie viel Prozent des Kreises sind gekennzeichnet?

A $16\frac{2}{3}$ %

B 20 %

C $83\frac{1}{3}$ %

D 12,5 %

E 25 %

Mo

Berechnen von Winkeln
Gib die Größe aller Winkel an.

A
90°
γ
ε 40° β 130°
δ
β 50° δ 40°
γ 90° ε 140°

B
β γ
α   g
g || h
110°   120°   h
α 70° γ 60°
β 110°

C
β
g   α   g || h   h
55°   70°
α 125°
β 235°

Di

Richtig oder falsch?
Kreuze an, ob die Aussage richtig oder falsch ist. Die Kennbuchstaben der richtigen Antworten ergeben ein Wort.

A Eine Raute ist dann ein Quadrat, wenn alle Winkel der Raute 90° sind. ☒ richtig (G)

B α und β sind Scheitelwinkel. β α ☒ falsch (R)

C In einem Drachen sind die Mittellinien Symmetrieachsen. ☒ falsch (A)

D Die dargestellte Zuordnung ist proportional. ☒ richtig (V)

E $(-4)^2 < 4^2$ ☒ falsch (U)

F Scheitelwinkel und Nebenwinkel ergänzen sich zu 180°. ☒ richtig (R)

A	B	C	D	E	F
G	R	A	V	U	R

Lösungswort: GRAVUR

Mi

Auswerten von Graphen
Beantworte die Fragen zu den einzelnen Graphen.

A Wer hat den weiteren Weg bis zum Treffpunkt? **Bernd**

B Uwe und Gerd laufen aufeinander zu. Wann treffen sie sich? **12⁰⁰ Uhr**

C Wann wurden die meisten Getränke verkauft? **11⁰⁰ Uhr**

D Wann war Peter wieder zu Hause? **18⁰⁰ Uhr**

Do

Viereckskonstruktionen
Konstruiere ein gleichschenkliges Trapez mit
a = 9,2 cm, b = 5,2 cm, δ = 123°.

Planfigur:

Fr

Übungen im Koordinatensystem
Welche Figur entsteht, wenn du die angegebenen Punkte nacheinander verbindest?

A A(−2|2) B(−2|−4) C(3|−2) D(3|4) **Parallelogramm**

B A(−4|0) B(−2|−3) C(3|0) D(−2|3) **Drachen**

C A(−3|1) B(−3|−1) C(3|−3) D(3|2) **Trapez**

D A(−1|1) B(1|−2) C(3|1) D(1|4) **Raute**

Mo

erledigt / kontrolliert

Rechnen mit großen Zahlen
Löse die beiden Kreuzzahlrätsel.

A

Waagerecht
a) 312 • 613 + 110368
d) 536 • 423 − 51089
f) 623 • 912 + 56405

Senkrecht
a) 50728 − 49 • 318
b) 25 • 37 − 289
c) 67509 − 53 • 406
e) 21 • 24

a3	0	1	b6	2	c4
5	◙	◙	3	◙	5
d1	7	e5	6	3	9
4	◙	0	◙	◙	9
f6	2	4	5	8	1

B

Waagerecht
a) 5 • (12996 + 19975)
d) 39 • (3008 + 4205)
f) 30 • (6184 + 11709)

Senkrecht
a) 15 • (749 + 404)
b) 3 • (332 − 51)
c) 60 • (18306 − 17443)
e) 4 • (5 • 17 − 51)

a1	6	4	b8	5	c5
7	◙	◙	4	◙	1
d2	8	e1	3	0	7
9	◙	3	◙	◙	8
f5	3	6	7	9	0

Di

erledigt / kontrolliert

Dreieckskonstruktionen
Entscheide ohne zu zeichnen, ob du die Dreiecke konstruieren kannst. Kreuze an.

a	5,1 cm	5,1 cm	4,9 m	1,3 dm	3,2 cm	2,4 cm	5,6 cm	2,6 cm
b	4,6 cm	10,8 cm	0,2 m	6,2 cm	7,6 cm	2,2 cm	9,2 cm	8,5 cm
c	72 mm	16 cm	5,0 m	59 mm	5,3 cm	4,6 cm	7,4 cm	2,6 cm

☒ ja ○ ja ☒ ja ○ ja ☒ ja ○ ja ☒ ja ○ ja
○ nein ☒ nein ○ nein ☒ nein ○ nein ☒ nein ○ nein ☒ nein

Mi

erledigt / kontrolliert

Kreisdiagramm
Nach einer Wahl ergaben sich für die Parteien folgende Stimmenanteile:
CIP 34 %
SIP 28 %
FIP 23 %
GIP 12 %
Sonstige 3 %.
Erstelle anhand der Daten das entsprechende Kreisdiagramm.

CIP [34 %] 122,4°
SIP [28 %] 100,8°
FIP [23 %] 82,8°
GIP [12 %] 43,2°
Sonstige [3 %] 10,8°

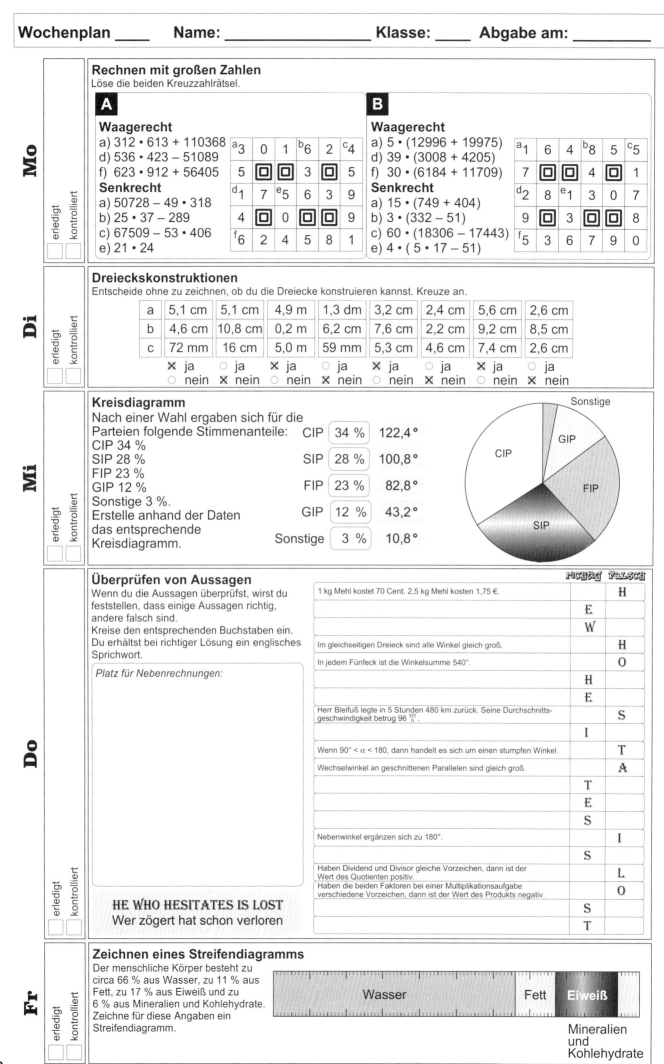

Do

erledigt / kontrolliert

Überprüfen von Aussagen
Wenn du die Aussagen überprüfst, wirst du feststellen, dass einige Aussagen richtig, andere falsch sind.
Kreise den entsprechenden Buchstaben ein.
Du erhältst bei richtiger Lösung ein englisches Sprichwort.

Platz für Nebenrechnungen:

HE WHO HESITATES IS LOST
Wer zögert hat schon verloren

	RICHTIG	FALSCH
1 kg Mehl kostet 70 Cent. 2,5 kg Mehl kosten 1,75 €.		H
	E	
	W	
Im gleichseitigen Dreieck sind alle Winkel gleich groß.		H
In jedem Fünfeck ist die Winkelsumme 540°.		O
	H	
	E	
Herr Bleifuß legte in 5 Stunden 480 km zurück. Seine Durchschnittsgeschwindigkeit betrug 96 $\frac{km}{h}$.		S
	I	
Wenn 90° < α < 180, dann handelt es sich um einen stumpfen Winkel.		T
Wechselwinkel an geschnittenen Parallelen sind gleich groß.		A
	T	
	E	
	S	
Nebenwinkel ergänzen sich zu 180°.		I
	S	
Haben Dividend und Divisor gleiche Vorzeichen, dann ist der Wert des Quotienten positiv.		L
Haben die beiden Faktoren bei einer Multiplikationsaufgabe verschiedene Vorzeichen, dann ist der Wert des Produkts negativ.		O
	S	
	T	

Fr

erledigt / kontrolliert

Zeichnen eines Streifendiagramms
Der menschliche Körper besteht zu circa 66 % aus Wasser, zu 11 % aus Fett, zu 17 % aus Eiweiß und zu 6 % aus Mineralien und Kohlehydrate. Zeichne für diese Angaben ein Streifendiagramm.

Wasser | Fett | Eiweiß
Mineralien und Kohlehydrate

Mo

Balkendiagramm

Stelle die gerundeten Stimmenanteile in % bei Wahlen von 2007 und 2014 in einem Balkendiagramm dar.

	2007	2014
CPI	46	38
SPI	37	37
FPI	5	6
GPI	8	8
Sonstige	4	11

erledigt   kontrolliert

Di

Flächenberechnung im Koordinatensystem

Bauer A. Gricola hat seine Felder koordinatenmäßig erfasst. Ein Kästchen hat einen Flächeninhalt von 100 m². Bestimme den Flächeninhalt dieser Felder in m².

A A(0|4) B(5|1) C(8|5) D(10|6) E(12|2) F(13|7) G(4|10)

A = 5950 m²

B A(1|3) B(4|0) C(11|2) D(10|9) E(6|6) F(3|10) G(1|8)

A = 6600 m²

erledigt   kontrolliert

Mi

Winkelberechnung

A Ein Basiswinkel eines gleichschenkligen Dreiecks misst 84°.
Wie groß ist der Winkel an der Spitze?   12°

B Der Winkel an der Spitze eines gleichschenkligen Dreiecks misst 61,2°.
Berechne die Größe der beiden Basiswinkel.   59,4°

C Der Winkel γ liegt an der Spitze eines gleichschenkligen Dreiecks.
Der Winkel α misst 74°. Wie groß ist der Winkel γ?   32°

erledigt   kontrolliert

Do

Viereckskonstruktion

Konstruiere ein allgemeines Viereck mit
a = 4,2 cm,
b = 4,3 cm,
c = 5,2 cm,
d = 3,8 cm,
e = 6,3 cm.

Planfigur:

erledigt   kontrolliert

Fr

Zuordnungen

Berechne.

A Ein Tanker kann durch 5 Pumpen in 3 h 42 min geleert werden. In welcher Zeit können 6 Pumpen die gesamte Ladung löschen?   3 h 5 min

B Zum Abernten eines Getreidefeldes brauchen 3 Mähdrescher 6 Stunden. Es können jedoch nur 2 Mähdrescher eingesetzt werden. Nach wie vielen Stunden ist das Feld abgeerntet?   9 h

C Physiklehrer Albert Twostone weiß, dass 500 m³ Luft ungefähr 650 kg wiegen. Sein Physikraum hat ein Volumen von 220 m³. Was groß ist das Gewicht, dass auf seinen Schülern während des Unterrichts lastet?   286 kg

erledigt   kontrolliert

Mo

Balkendiagramm

Runde die Einwohnerzahlen der Städte auf Zehntausend. Erstelle zu diesen Daten ein Balkendiagramm.

Stadt	Einwohner		gerundet
Stuttgart	562 700	≈	560 000
Potsdam	142 900	≈	140 000
Bremen	535 100	≈	540 000
Magdeburg	290 600	≈	290 000
Erfurt	220 000	≈	220 000
Schwerin	130 700	≈	130 000
Hamburg	1 603 100	≈	1 600 000
Düsseldorf	569 600	≈	570 000
Kiel	250 600	≈	250 000

100 000   500 000   1 000 000

Di

Multiplikation natürlicher Zahlen

Rechne die sieben Aufgaben und trage dein Ergebnis ein. Wenn du dann die Ziffern in den grauen Kästchen durch die entsprechenden Buchstaben ersetzt, erhältst du ein Lösungswort.

A 1 = B, 2 = E 3 = J, 4 = K, 5 = O, 6 = U, 7 = X

519 • 413	2	1	4	3	4	7	J
603 • 875	5	2	7	6	2	5	U
719 • 333	2	3	9	4	2	7	K
517 • 807	4	1	7	2	1	9	E
388 • 472	1	8	3	1	3	6	B
386 • 543	2	0	9	5	9	8	O
307 • 514	1	5	7	7	9	8	X

B 1 = E, 2 = G 3 = K, 4 = L, 5 = O, 6 = S, 7 = U

317 • 411	1	3	0	2	8	7	G
298 • 609	1	8	1	4	8	2	L
215 • 543	1	1	6	7	4	5	U
625 • 247	1	5	4	3	7	5	K
479 • 258	1	2	3	5	8	2	O
312 • 409	1	2	7	6	0	8	S
397 • 411	1	6	3	1	6	7	E

Mi

Mittelwertberechnung

A Die Schüler und Schülerinnen der Klasse 7 wurden befragt, wie viel Zeit sie täglich für ihre Hausaufgaben benötigen.

Zeit	$\frac{1}{2}$h	1 h	$1\frac{1}{2}$h	2 h	$2\frac{1}{2}$h
Anzahl	2	5	11	8	4

97 min

Berechne den durchschnittlichen Zeitaufwand in min.

B In einer Klinik wurden im Laufe einer Woche 9 Kinder geboren. Sie hatten folgende Körpergrößen und -gewichte:
Körpergröße in cm:
50, 49, 52, 51, 48, 47, 50, 53, 50
Gewicht in g:
3250, 3400, 2950, 3050, 2880, 3120, 3360, 3100, 3195
Berechne die durchschnittliche Körpergröße in cm und das durchschnittliche Gewicht in g.   50 cm und 3145 g

Do

Spiegeln im Gitternetz

Zeichne die Figur mit den Eckpunkten A(1|2), B(5|1), C(7|2), D(6|3), E(7|5), F(1|6), G(3|4) in das Koordinatensystem und spiegele sie an der Achse s.

Fr

Viereckskonstruktionen

Konstruiere das Viereck ABCD mit d = 3,9 cm, e = 7,2 cm, f = 5,5 cm, δ = 118° und α = 73°.

Planfigur:

Mo

Kreisdiagramm

150 Schüler gaben ihre Hobbys an.
Bestimme die prozentualen Anteile.
Ermittle die zugehörigen Winkel
und zeichne ein Kreisdiagramm.

Sport/Reiten: 20	$13\frac{1}{3}$ %	48°
Computer: 75	50 %	180°
Handarbeiten/Basteln: 15	10 %	36°
Musik: 35	$23\frac{1}{3}$ %	84°
Schach: 5	$3\frac{1}{3}$ %	12°

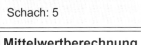

erledigt   kontrolliert

Di

Mittelwertberechnung

A Der Klempnermeister G. Awaschei schneidet
Kupferrohre fast gleicher Länge.
97,1 cm, 96,9 cm, 97,6 cm, 98,0 cm, 97,5 cm,
97,3 cm, 97,2 cm, 97,4 cm und 97,6 cm.
Berechne den Mittelwert, das Minimum und
Maximum und die Spannweite.

Mittelwert: 97,4 cm   Minimum: 96,9 cm

Spannweite: 1,1 cm   Maximum: 98,0 cm

B Bäckermeister Eusebius Stutenkerl überprüft regelmäßig
seine Brötchen auf Gewicht. Wenn der Mittelwert unter
50 g liegt, bekommt sein Geselle Karlchen Weckmann
ganz gehörig einen über die Rübe.
An einem Morgen hat er sich die Mühe gemacht und
20 Brötchen gewogen: 52 g, 48 g, 45 g, 53 g, 51 g, 49 g,
51 g, 54 g, 47 g, 51 g, 49 g, 50 g, 52 g, 53 g, 52 g, 55 g,
49 g, 53 g, 49 g, 55 g. Hat Karlchen eine Strafe zu
befürchten?

Mittelwert: 50,9 g

erledigt   kontrolliert

Mi

Viereckskonstruktion

Bestimme durch eine maßstabsgerechte
Zeichnung die Länge der Strecke $\overline{PQ}$, die
wegen eines Sees nicht gemessen
werden kann.

Planfigur:

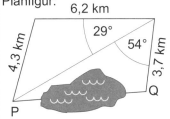

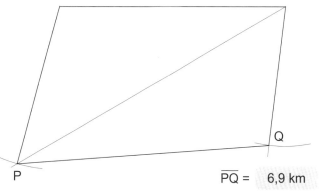

$\overline{PQ}$ =   6,9 km

erledigt   kontrolliert

Do

Sachaufgaben: Zinsrechnung

Berechne.

A Barnie Gerölleimer leiht sich
für den Kauf eines LkW
52 000 €. Dafür muss er nach
einem Jahr 6240 € Zinsen an
die Bank zahlen.
Wie hoch ist der Zinssatz?

p =   12 %

B Herr Hausbuild braucht
zur Finanzierung seines
Einfamilienhauses ein Darlehen.
Für die Zinsen einschließlich
Tilgung kann er jährlich 12 150 €
aufbringen. Wie viel Geld kann
ihm die Bank geben, wenn der
Zinssatz einschließlich Tilgung
bei 6,75 % liegt?

K =   180 000 €

C Frau Save-Emsig hat sich
mit 352 000 € an einem
Unternehmen beteiligt. Nach
einem Jahr erhält sie 29 920 €,
weil das Unternehmen gute
Gewinne gemacht hat.
Welchen Zinssatz müsste sie
bei einer Bank erhalten, um
diesen Betrag zu erzielen?

p =   8,5 %

erledigt   kontrolliert

Fr

Knobeln mit Sudokus

Bei einem Sudoku kommen die Ziffern 1 bis 9 in jeder Spalte, jeder Zeile und in jedem Block nur einmal vor.

A mittel

6	3	9	7	2	1	5	4	8
8	1	4	3	5	9	2	7	6
5	2	7	8	6	4	9	3	1
2	6	3	4	7	8	1	5	9
4	9	8	2	1	5	7	6	3
7	5	1	9	3	6	4	8	2
1	7	5	6	8	2	3	9	4
9	8	2	5	4	3	6	1	7
3	4	6	1	9	7	8	2	5

B schwer

5	4	2	8	3	1	9	6	7
1	7	3	4	6	9	5	8	2
8	9	6	7	2	5	4	3	1
2	1	7	9	4	3	6	5	8
3	5	9	6	1	8	7	2	4
6	8	4	2	5	7	1	9	3
4	2	1	5	8	6	3	7	9
7	3	5	1	9	2	8	4	6
9	6	8	3	7	4	2	1	5

erledigt   kontrolliert

KOHL VERLAG   Wochenplan Mathematik / 7. Schuljahr   -   Bestell-Nr. 11 597

Mo

Multiplikation und Subtraktion rationaler Zahlen

A Berechne die sechs Aufgaben. In jedem Ergebnis taucht einmal die 6 auf. Wenn du jetzt den entsprechenden Buchstaben aus der oberen Leiste nimmst, ergibt sich ein Lösungswort.

	T	U	R	A	L	I	
$5{,}52 \cdot 33{,}7$	1	8	6	,0	2	4	**R**
$8{,}7 \cdot 28{,}88$	2	5	1	,2	5	6	**I**
$482 \cdot 1270$	6	1	2	1	4	0	**T**
$3{,}14 \cdot 51{,}3$	1	6	1	,0	8	2	**U**
$1{,}25 \cdot 11{,}41$	1	4	,2	6	2	5	**A**
$9{,}54 \cdot 15{,}3$	1	4	5	,9	6	2	**L**

B Berechne die sechs Aufgaben. In jedem Ergebnis taucht einmal die 5 auf. Wenn du jetzt den entsprechenden Buchstaben aus der oberen Leiste nimmst, ergibt sich ein Lösungswort.

	T	I	M	E	N	U	
$822{,}076 - 686{,}434$	1	3	5	,6	4	2	**M**
$362{,}155 - 111{,}019$	2	5	1	,1	3	6	**I**
$519{,}329 - 86{,}578$	4	3	2	,7	5	1	**N**
$677{,}206 - 198{,}971$	4	7	8	,2	3	5	**U**
$810{,}312 - 282{,}166$	5	2	8	,1	4	6	**T**
$1213{,}746 - 221{,}215$	9	9	2	,5	3	1	**E**

erledigt   kontrolliert

Di

Aus der Geometrie
Trage deine Antworten in die grauen Felder ein.

A Wie heißt ein Viereck, bei dem alle vier Seiten gleich lang sind?　Quadrat oder Raute

B Wo liegt der Mittelpunkt des Inkreises?　Auf dem Schnittpunkt der Winkelhalbierenden

C Wie groß ist die Winkelsumme im Viereck?　360°

D Wie heißt ein Viereck, bei dem es genau eine Symmetrieachse gibt?　gleichschenkliges Trapez, Drachen

E Wie heißt ein Viereck, bei dem die Diagonalen Symmetrieachsen sind?　Quadrat oder Raute

erledigt   kontrolliert

Mi

Kreisdiagramm
Von 300 befragten Haushalten heizten 99 mit Öl, 81 mit Gas, 63 mit Pellets, 24 mit Strom und der Rest der Haushalte bezog Fernwärme.
Errechne anhand der Daten jeweils den prozentualen Anteil und den dazugehörigen Winkel.
Erstelle dann das Kreisdiagramm.

Öl	33 %	118,8°
Gas	27 %	97,2°
Pellets	21 %	75,6°
Strom	8 %	28,8°
Fernwärme	11 %	39,6°

erledigt   kontrolliert

Do

Viereckskonstruktion
Bestimme durch eine maßstabsgerechte Zeichnung die Entfernung von P nach Q, die wegen des dort hausenden Ungeheuers Tyrannosaurus Mathematikus Rex nicht zu vermessen ist.

Entfernung von P nach Q:　3,5 km

erledigt   kontrolliert

Fr

Zeichnen eines Streifendiagramms
In der Klasse 7a ergab die Umfrage nach der Lieblingssportart folgende Ergebnisse: 18 % Tennis, 22 % Fußball, 35 % Basketball und 25 % Schwimmen. Erstelle zu diesen Werten ein Streifendiagramm.

Tennis　Fußball　Basketball　Schwimmen

erledigt   kontrolliert